Marlene Fritsch

Heilige Nächte

Marlene Fritsch

Heilige Nächte

Das Geheimnis besonderer Zeiten

Vier-Türme-Verlag

INHALT

7 **Warum Nächte heilig sind**

Heilige Zeiten

14 **Über die Nacht**

15 Ein Blick in die Geschichte

25 Ein Blick in die Seele

29 Ein Blick in die Religionen

38 Ein Blick in die Bibel

48 Ein Blick in die Künste

54 **Gezeiten der Nacht**

54 Am Rand des Tages: Blaue Stunde

64 Mitternacht

72 Finsterstunde

77 Am Rand der Nacht: Dämmerung

Heilige Nächte

85 **Weihnachten**

95 **Raunächte**

103 **Silvester**

112 **Fastnacht**

122 **Osternacht**

130 **Johannisnacht**

136 **Halloween**

Die Sonne lehrt alle Lebewesen
die Sehnsucht nach dem Licht.
Doch es ist die Nacht, die uns
alle zu den Sternen erhebt.

Khalil Gibran

Warum Nächte heilig sind

Im letzten Herbst war ich mit einem Freund wandern, und nachdem wir zum Abendessen eingekehrt waren, wollten wir statt über die befahrene Straße durch den Wald nach Hause laufen. Es war inzwischen dunkel geworden und eine mondlose und bedeckte Nacht. Wir dachten uns: Die Stadt ist nicht weit weg, die Lichter von dort strahlen so hell, wir werden auch ohne Taschenlampen so viel sehen können, dass wir den Weg finden, wenn sich unsere Augen erst einmal an die Dunkelheit gewöhnt haben. Also schritten wir mutig in den Wald – und drehten nach nicht einmal hundert Schritten wieder um, weil es uns beiden vorkam, als liefen wir vollkommen blind gegen eine dunkle Wand. Es war einfach gar nichts zu sehen, nicht mal der Weg vor unseren Füßen. Und ich muss ehrlich sagen: Wenn es dann so ganz still wird und so vollkommen dunkel, dann läuft einem doch eine Gänsehaut über den Rücken und man möchte sich sofort an den Händen fassen. Es fühlt sich an wie ein Verlorengehen – plötzlich fehlt nicht nur der Weg, sondern auch die Orientierung, die Sicherheit beim Laufen und sogar beim Hören. Die Dunkelheit macht nicht nur blind, sondern auch irgendwie taub. Und gleichzeitig erschreckt einen jedes Geräusch zu Tode. Ich war jedenfalls sehr froh, als wir uns dann doch für die befahrene Straße entschieden haben und ich wenigstens sehen konnte, wo ich meinen Fuß hinsetze.

Wie müssen sich die Menschen gefühlt haben, für die eine solche Dunkelheit zu ihrem Alltag gehörte! Stellt man sich jedoch das Leben der Menschen bis vor etwas mehr als einhundert Jahren vor, so war das tatsächlich die Regel. In vielen Gegenden war es stockfinster, sobald es dunkel geworden war. Keine Straßenlaternen, kein elektrisches Licht, mit dem man die Nacht zum Tag machen konnte. Lange Zeit waren auch Kerzen und Gaslaternen eher etwas für Betuchtere, und so blieb vielen als Lichtquelle in der Dunkelheit nur das Herdfeuer. Wie müssen sich die Menschen vor der Nacht gefürchtet haben, selbst wenn sie es eher gewohnt waren, damit zu leben!

Andererseits ist die Dunkelheit ja nicht nur zum Fürchten. Sie ist auch geheimnisvoll. Verheißungsvoll. Wunderbar. Gerade weil man nichts oder wenig sieht, ist es die Zeit der übrigen Sinne wie fühlen, schmecken und riechen. Eine Zeit für Heimlichkeiten und Zärtlichkeiten. Für Träume und Fantasien. Für Dinge, die im Hellen nicht möglich scheinen – für Wunderbares und Zauberhaftes. Im Zwielicht und bei Kerzenschein sind die Gespräche anders als in der Mittagssonne oder am hellen Morgen. Tiefer. Persönlicher. Intimer. Man ertappt sich dabei, Dinge zu sagen, die man sich im Hellen vielleicht nicht trauen würde – Komplimente, Wahrheiten, Einsichten, Beichten.

Dass wir als Menschen die Nacht in diesen beiden Extremen empfinden, daran hat sich auch durch das viele Licht und die Nüchternheit, mit der wir die Phänomene der Dunkelheit heute betrachten, nichts geändert. Noch immer haben Kinder Angst im Dunkeln, nicht nur draußen, sondern vor allem in ihrem Schlafzimmer oder im Keller. Und nicht nur die Kinder ... Noch immer warten wir auf die Nacht und zünden wir Kerzen an, um einander näher zu kommen und nah, ganz nah zu sein. Noch immer ist eher die Nacht eine Zeit für den Sinnesrausch als der Tag und noch immer jagt uns der Albtraum abgrundtiefe Angst in die Knochen.

Das Spannende ist, dass Rudolf Otto, ein evangelischer Religionswissenschaftler und Theologe des letzten Jahrhunderts, in seinem Buch »Das Heilige« genau in dieser Weise das Göttliche, das Numinose und eben auch das Heilige beschreibt: als »*mysterium tremendum et fascinans*« – ein Geheimnis, das einen zittern lässt und gleichzeitig fasziniert. Wenn man so will, ist also die »heilige Nacht« ein Pleonasmus: zwei Wörter, die das Gleiche meinen. Die Definition von Rudolf Otto zum Heiligen oder Göttlichen hat seitdem weite Kreise in der Theologie, aber auch in der Philosophie gezogen und wird heute noch oft herangezogen, um das Unbeschreibliche zu beschreiben oder sich ihm zumindest zu nähern. Vielleicht haben die Menschen in den Jahrhunderten davor nicht die gleichen Wörter dafür gebraucht, aber gespürt haben sie ganz sicher dasselbe. Und daher ist die Nacht mit all ihren Gezeiten auch der Moment, in dem man Gott näher, vielleicht am nächsten kommen kann.

In allen Religionen spielt die Nacht eine große Rolle – manchmal als Zeit der Versuchung, aber immer wieder auch als der Moment, in dem der Himmel offen zu sein scheint, in dem es möglich ist, eins zu werden mit dem Göttlichen: im Gebet, in der Ekstase, im Wachen vor seinem Altar oder seiner spürbaren Gegenwart. Und deshalb sind die Nächte nicht nur in der christlichen, sondern auch in vielen anderen Traditionen »heilig«.

Im Folgenden soll es genau um diese »heiligen Zeiten« mit all ihren Facetten gehen. Also einmal um die Nacht an sich und ihre verschiedenen Phasen von der Dämmerung bis zum Sonnenaufgang. Zum anderen um die »heiligen Nächte« im Jahreslauf, die auch heute noch bei uns auf der Grundlage christlicher Traditionen und Bräuche gefeiert werden.

Ich selbst bin eine große Liebhaberin der Nacht, was man meinem Schreiben über diese Zeit sicher auch anmerkt. In unserem heutigen Alltag, der oft nur noch wenig mit den »natürlichen Gezeiten« des Tages zu tun hat, sind sie mir kleine Inseln der Ruhe und der Stille, aber auch der Durchlässigkeit für das »Mehr« in unserem Leben, für das es oft keine Worte gibt, das aber spürbar werden kann, wenn man sich die Zeit nimmt, den Abend und die Nacht ohne Ablenkung zu fühlen und aufmerksam zu betrachten. Deshalb gibt es in diesem Buch immer wieder kleinere und größere Ideen, wie man die Nacht und vor allem die besonderen Nächte im Jahreskreis neu und anders gestalten und erfahrbar machen kann, damit etwas von dem aufscheinen kann, was sich noch immer als Feier des »Geheimnis Leben« hinter den traditionellen Festen versteckt.

Dieses Buch versteht sich nicht als Lexikon und erhebt daher auch keinen Anspruch auf Vollständigkeit, was die Fakten zu und die vielen Facetten der Nacht angeht. Es ist eher ein Spaziergang durch das Thema, bei dem ich meiner eigenen Neugier und Erinnerung gefolgt bin. Dabei habe ich einen Strauß aus den »Nachtblumen« am Weg gepflückt, und daraus ist ein Schmöker entstanden, ein Lesebuch für Dämmerstunden oder für den Nachttisch, wenn der Schlaf wieder einmal nicht kommen will. Man muss es nicht von vorne nach hinten lesen, sondern kann einfach bei der »Nachtblume« mit der Lektüre beginnen, die einem am interessantesten oder schönsten erscheint. Es versteht sich aber auch als Einladung, sich selbst auf die Suche nach der Nacht und all ihren Wundern zu machen, eigenen Stichworten oder eigener Neugier nachzugehen und das Buch damit sozusagen fortzuschreiben.

Heilige Zeiten

Über die Nacht

»Die Tage werden unterschieden, aber die
Nacht hat einen einzigen Namen.«

Elias Canetti

Macht man sich einmal auf die Suche nach der gemeinsamen
Geschichte von Nacht und Mensch, stellt man fest, dass sie
in vielen Bereichen und Facetten seines Lebens eine Rolle,
manchmal sogar eine wesentliche Rolle spielt.

Ein Blick in die Geschichte

Für uns heute eigentlich unvorstellbar, aber seit es Menschen gibt – etwa 1,8 Millionen Jahre –, mussten sie die meiste Zeit davon ohne Feuer auskommen. Erst vor ungefähr 32 000 Jahren entdeckten sie den Feuerstein, sodass sie dann gezielt Brennbares entfachen konnten. Vorher konnten sie das Feuer nur nach einem Blitzeinschlag oder einem Waldbrand oder Vulkanausbruch »abzwacken« und für sich nutzen, aber wenn es dann erlosch, wurde es nachts wieder stockfinster und die Küche blieb kalt.

Kein Licht und keine Wärme in der Dunkelheit – kein Wunder, dass für die Menschen der Steinzeit die Nacht vor allem eines war: gefährlich. Sie waren sozusagen blind, auch weil es sonst nirgends Lichter gab, die irgendetwas mit ihrem Schein von Ferne erhellt hätten. Und sie konnten die Nachtjäger nicht kommen sehen, waren ihnen mehr oder weniger schutzlos ausgeliefert. Selbst wenn bei unseren Vorfahren das Nachtsichtvermögen und das Hören sicher noch besser ausgebildet waren als bei uns heute, reichte es wohl nicht aus, um wirklich ruhig schlafen zu können, denn hungrige Tiere und rivalisierende Stämme oder Menschengruppen waren ihnen trotzdem schon zu nahe gekommen, wenn sie sie in der Nacht bemerkten. Erst durch das Feuer, das sie selbst entzünden und damit kontrollieren konnten, war es möglich, die Tiere fernzuhalten, weil sie Angst vor den Flammen hatten, und sich gegen Feinde zu wehren, weil die Wachen sie frühzeitig sahen.

Aber auch nach der Erfindung des Feuers war es nachts noch sehr lange sehr dunkel auf der Welt. Und das war weiterhin eine große Chance und die Zeit schlechthin für jene, die Böses im Schild führten. Im Englischen nannten Diebe die mondlosen oder sehr wolkigen Nächte daher auch »a good darky«. Auf dem Land löste man das Problem lange damit, dass die Menschen »mit den Hühnern« schlafen gingen, wenn es dunkel wurde, und mit ihnen wieder aufstanden, sobald es dämmerte. Selbst wenn das die Diebe nicht abhielt. In den Städten, die im Mittelalter entstanden, galt die Sperrstunde, sobald die Feuer in den Herden zu Hause gelöscht waren. Straßen, die besonders dunkel oder ungepflastert waren, wurden mit Eisenketten abgesperrt, und wer trotzdem draußen erwischt wurde, konnte mit Strafen rechnen. Bis Anfang des 17. Jahrhunderts gab es keine Straßenbeleuchtung, es wurde nur das erhellt, was durch das Licht aus den Fenstern der Häuser beschienen wurde. Reiche ließen sich von Laternenträgern »heimleuchten«, die Ärmeren blieben einfach nach Einbruch der Dunkelheit zu Hause. Im 18. Jahrhundert begann man damit, zumindest in den Winternächten in den Städten Öl- oder Waltranlaternen aufzustellen, später dann Gaslaternen. Heute gibt es in Deutschland rund neun Millionen Straßenlaternen.

Dennoch sind auch heute die Nächte oft gefährlich. Und das liegt nicht an fehlender oder vorhandener Straßenbeleuchtung, sondern daran, dass Menschen in dieser Zeit häufig anders »ticken« als am Tag. Die Dunkelheit lässt auch ihre Dunkelheiten aufsteigen. Manche, die tagsüber nüchtern oder gar langweilig wirken, lassen in der Nacht ihr wirkliches Wesen frei, werden zudringlich, aggressiv und gewalttätig, kriminell. Das hat häufig zumindest einen Grund darin, dass Drogen und Alkohol eher in der Dunkelheit konsumiert werden – irgendwie schmeckt ein Glas Wein bei Kerzenlicht anders als am hellen Mittag. Zudem ist es in unserer Gesellschaft eigentlich verpönt, vor dem Feierabend Alkohol zu trinken – ich bin mit dem Spruch groß geworden: »Kein Bier vor vier.« Dass »bewusstseinsverändernde Stoffe«, zu denen vielleicht auch einfach die Nachtluft gehört, tatsächlich aus einem Menschen eine Bestie machen können, ist in dem alten Mythos vom Werwolf noch sichtbar, wonach sich Menschen, die von einem solchen Wesen gebissen wurden, in Vollmondnächten ebenfalls in einen Wolf verwandeln und alles zerfleischen, was ihnen vor die Schnauze kommt, selbst davon am nächsten Tag aber nichts mehr wissen.

Weil die Nacht jedoch für die Menschen so viele Schrecken barg und in vieler Hinsicht mit Angst verbunden war, ist sie auch bis heute die Zeit der Geister und Gespenster, der Untoten und Monster. Heute macht eigentlich niemand mehr Kindern Angst mit irgendwelchen Ungeheuern – und doch gehen sie nur unter Protest und laut pfeifend in den dunklen Keller und nehmen sich abends Kekse mit aufs Zimmer, um damit die Monster unterm Bett zu besänftigen. Die Dunkelheit setzt in beinahe allen Menschen eine Urangst frei, die auch mit sehr vernünftigen Argumenten über die wissenschaftlich bewiesene Unmöglichkeit von Untoten oder Geistern nicht wegzuerklären ist. *Mysterium tremendum* – das unerklärliche Geheimnis, das uns erzittern lässt. Das ist, wie oben schon gesagt, nicht nur die eine wesentliche Seite des Göttlichen, sondern auch die eine wesentliche Seite der Nacht.

Wenn es dunkel ist, ist aber generell die Stimmung zwischen Menschen eine andere. Die Atmosphäre ist stärker emotional aufgeladen, es ist eine Zeit für körperliche Nähe, Sexualität, intensiveres Fühlen. Auch in dieser Hinsicht kann die Dunkelheit einen Menschen verändern und sein wahres Gesicht zum Vorschein bringen, denn manch einer, der am Tag kühl und distanziert wirkt, lässt bei Kerzenschein und im Halbdunkel nächtlicher Gespräche seinen Gefühlen freien Lauf, wird nahbar und berührbar. Andere, die am Tag in Schlips und Kragen eiskalt verhandeln oder Akten abstauben und Formulare stempeln, werden nachts zum Partybiest oder Dancefloorkönig, zur Dragqueen oder zum Kabarettstar.

Allerdings ist das erst möglich, seit es so etwas wie ein Nachtleben überhaupt gibt. Denn auch in dieser Hinsicht hing wiederum alles am Licht. Und daran, wie viel Geld man hatte, um es sich zu leisten. Bei der »arbeitenden Bevölkerung« in der Landwirtschaft und in den Fabriken und Branchen wie dem Bergbau dürfte der Gedanke an etwas wie eine Veranstaltung am Abend oder gar bis in die Nacht nur ein ungläubiges Kopfschütteln hervorgerufen haben. War die Arbeit endlich getan, sank man völlig fertig aufs Lager und war glücklich, die Augen schließen zu können. Wenn es Lampen oder Kerzen gab, dann nur, um im Winter in diesem Licht noch Socken zu stopfen oder Kleider zu nähen, etwas zu reparieren oder sonst etwas Sinnvolles und Nützliches zu tun. An den Höfen und bei den Reichen des Landes waren aber sowohl Kerzen und Laternen, Feuerholz und Fackeln sowie reichlich Zeit und Geld vorhanden, um die Abende mit »Divertissement« zu verbringen statt mit Arbeit und Schlafen. Also lud man zur Soirée: Musik und Tanz, reichlich gutes Essen und Getränke mit Prozenten sowie sanftes Licht, um miteinander ins Gespräch und andere Verwicklungen zu kommen. Und natürlich war auch bei diesen Veranstaltungen die Atmosphäre eine andere als bei Staatsangelegenheiten am Tag – es wurde gemunkelt und geschäkert, gelästert und intrigiert, heimlich geküsst und gelacht. Und wahrscheinlich hätte es viele politische Entwicklungen und Allianzen ohne solche Abendveranstaltungen nicht gegeben, bei denen man eben einmal nicht so offiziell sein musste, sondern die Dinge im direkten Gespräch regeln konnte, ohne dass tausend Ohren mithörten.

Erst als in den Fabriken und anderen Firmen und Behörden feste Arbeitszeiten eingeführt wurden und die Menschen irgendwann tatsächlich Schicht- und Dienstschluss hatten, entwickelte sich in den Städten ein Nachtleben, das für viele ein Ausgleich für die Maloche des Tages darstellte und bei dem man einmal die Arbeit und oft auch das eigene Elend vergessen konnte. Es ging ums Vergnügen, um ein bisschen Glück, einen Rausch, einen Gegenentwurf zum »taghellen« Leben. Während eine Soirée zumindest den Anspruch hatte, eine kulturelle und kultivierte Veranstaltung zu sein, war das Nachtleben in den Städten bewusst anders: anrüchig, rotlichtig, orgiastisch. All das, was im Hellen in der Gesellschaft als unschicklich und »wüst« galt, konnte man in der Nacht in Kneipen und Bars, Kabaretts und Theatern, Spielhallen und Casinos ausleben und ausprobieren. *Mysterium fascinosum* – das unerklärliche Geheimnis, das uns fasziniert: Mit dem Licht und dem Nachtleben in den Städten wurde auch die andere wesentliche Seite der Nacht und des Göttlichen erfahrbar. Und das hat sich bis heute nicht geändert.

Natürlich gibt es nicht nur diese beiden Pole der Nacht, dass man sie also als schrecklich oder geheimnisvoll-elektrisierend empfindet. Die allermeisten Nächte werden die allermeisten Menschen einfach in ihren Betten verbringen, so alltäglich wie sie den Tag mit ihrer Arbeit verbringen, und nicht weiter darüber nachdenken. Jedenfalls werden sie es versuchen – denn das mit dem Schlafen ist für viele gar nicht so einfach, wie es klingt.

Wenn auch all das Licht, die Lampen und Laternen eigentlich ursprünglich dazu dienten, der Nacht den Schrecken zu nehmen und denen, die zu dieser Zeit noch unterwegs sind oder sein müssen, Sicherheit zu geben, sind diese heute beinahe zu einer Bedrohung für den Menschen geworden. Das Helle in der Nacht stört ganz empfindlich unsere »innere Uhr«, unseren Rhythmus von Schlafen und Wachen. Hört man sich nur einmal im eigenen Familien- und Freundeskreis um, ist Schlaflosigkeit etwas, das zumindest phasenweise beinahe alle betrifft – sogar die Kinder und Jugendlichen. Und in

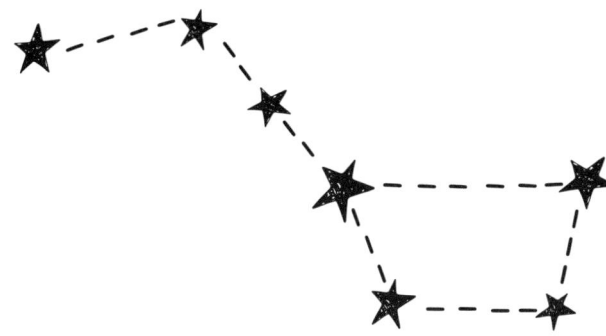

vielen Fällen geht es so weit, dass es die Betroffenen tatsächlich krank macht. Das liegt zum einen daran, dass Fernseher, Laptops, Tablets und Smartphones Einzug in unsere Schlafzimmer gehalten haben bzw. uns bis kurz vor dem Schlafengehen beschäftigen — das blaue Licht der Displays verhindert nachgewiesenermaßen die Melatoninausschüttung in unserem Körper (Melatonin ist das »Schlafhormon«, das dafür zuständig ist, dass wir langsam müde werden und unser Körper »herunterfährt«). Zum anderen liegt es aber wohl auch daran, dass es uns generell schwerfällt, runterzukommen und das Grübeln und Sorgen abzustellen, die Arbeit hinter uns zu lassen und uns dem Schlaf zu überlassen. Wie oft habe ich mir schon so etwas wie einen Aus-Knopf für mein Hirn gewünscht! »An empty head when I go to bed is all I ever want« – eine Textzeile aus einem Lied von Ezio, in dem es um Wünsche geht, die man bei einem Flaschengeist gut hat ...

Allerdings ist wohl auch die Idee, dass man die Nacht durchschlafen muss, eine recht junge Entwicklung. Es gibt einen spannenden Aufsatz des amerikanischen Historikers und Schlafforschers Roger Ekirch: »Sleep we have lost. Pre-industrial Slumber in the British Isles« aus dem Jahr 2001. Im Vorfeld hatte er hunderte von Zeitungen, Tagebüchern und Gerichtstexten gelesen und war dabei immer wieder auf Hinweise gestoßen, dass es bis zum 18. Jahrhundert üblich war, in zwei Etappen zu schlafen, dem sogenannten ersten und zweiten Schlaf. In vorindustrieller Zeit, in der nicht jeder eine Uhr hatte und vielleicht auch einfach viele nach den Mühen des Tages rechtschaffen und früh müde waren, gingen die Menschen gewohnheitsmäßig gegen acht Uhr am Abend schlafen und wachten nach ungefähr vier Stunden wieder auf. Dann waren sie wohl zwischen ein und zwei Stunden wach und legten sich anschließend wieder hin, um weitere vier Stunden zu schlafen. Hinweise darauf, dass das tatsächlich üblich war, finden sich nicht nur in Tagebüchern und Zeitschriften, sondern ebenfalls in den Texten berühmter Autoren, angefangen bei Homer über Cervantes und Tolstoi bis Balzac. In der Zeit zwischen den beiden »Schlafen« suchte man sich die unterschiedlichsten Tätigkeiten: Man schrieb Briefe oder ins Tagebuch, las, erledigte Hausarbeit, wanderte im Haus umher auf der Suche nach Zerstreuung oder anderen »Nichtschläfern«, mit denen man über Gott und die Welt diskutieren konnte. Manche blieben aber auch im Bett liegen und genossen den Zustand zwischen Wachen und Schlafen. In einem Experiment des Schlafforschers Matthias Wehr stellte sich heraus, dass Menschen sich tatsächlich unter der Bedingung, kein künstliches Licht zur Verfügung zu haben und gegen acht Uhr schlafen zu gehen, auf diesen Rhythmus des geteilten Schlafs einpendeln. Die Zeit dazwischen beschreiben beinahe alle als einen sehr angenehmen Zustand zwischen Wachen und Schlafen, der ihnen ein kristallklares Bewusstsein verschafft habe.

Im Französischen gibt es sogar einen Ausdruck für diese Zwischenzeit: »dorveiller«, zusammengesetzt aus *dormir* = schlafen und *veiller* = wachen. Im Englischen nannte man diese Stunde »The Watch« – in dem Fall nicht die Uhr, sondern die Wacht. Vielleicht wäre das auch für heute wieder eine Idee, denn viele Menschen aus meinem Umfeld, die an Schlaflosigkeit leiden, können einigermaßen gut einschlafen, wachen aber dann gegen zwei oder vier in der Nacht auf und finden keine Ruhe mehr. Zumindest wäre die Idee es wert, ausprobiert zu werden: aufstehen, kein Display anschauen, vielleicht nur die kleine Stehlampe anmachen, die Spülmaschine ausräumen, einen Brief schreiben (darüber würden sich dann auch noch eine ganze Menge Menschen wirklich freuen), etwas Einfaches lesen. Oder einen besonderen Menschen finden, mit dem man in dieser besonderen Zeit flüstern kann – am Telefon oder auf der Couch. Vielleicht schafft man so nicht ganz die acht Stunden Schlaf, die uns heute als gesund »vorgeschrieben« werden, und das auch nur mit Unterbrechung – aber für viele wären sechs oder sieben Stunden Schlaf in zwei Etappen eine deutliche Verbesserung gegenüber dem, was sie erwartet, sobald das Nachttischlicht gelöscht ist.

Stille der Nacht

Willkommen, klare Sommernacht,
die auf betauten Fluren liegt!
Gegrüßt mir, goldne Sternenpracht,
die spielend sich im Weltraum wiegt!

Das Urgebirge um mich her
ist schweigend, wie mein Nachtgebet;
weit hinter ihm hör' ich das Meer
im Geist und wie die Brandung geht.

Ich höre einen Flötenton,
den mir die Luft von Westen bringt,
indes herauf im Osten schon
des Tages leise Ahnung dringt.

Ich sinne, wo in weiter Welt
jetzt sterben mag ein Menschenkind –
und ob vielleicht den Einzug hält
das viel ersehnte Heldenkind.

Doch wie im dunklen Erdental
ein unergründlich Schweigen ruht
ich fühle mich so leicht zumal
und wie die Welt so still und gut.

Der letzte leise Schmerz und Spott
verschwindet aus des Herzens Grund;
es ist, als tät' der alte Gott
mir endlich seinen Namen kund.

Gottfried Keller

Ein Blick in die Seele

In vielen Zusammenhängen wird die Nacht als Synonym für das Dunkel gebraucht, gerade auch in übertragener Bedeutung. Hinweise darauf findet man schon in der Alltagssprache, wenn man beispielsweise sagt, jemand sei »umnachtet«, was so viel meint, wie dass er nicht ganz bei Sinnen ist, nicht zurechnungsfähig, sein Bewusstsein verdunkelt ist. Schon früh verband man zudem die Nacht mit den dunklen Abgründen der eigenen Seele und der eigenen Gefühle. Johannes vom Kreuz, ein spanischer Mystiker und Karmelit des 16. Jahrhunderts und Freund Teresas von Ávila, schrieb das berühmte Gedicht »Dunkle Nacht der Seele«. Der Ausdruck ist in der Psychologie zur Metapher oder zum Synonym für die Depression geworden und wird auch heute noch häufig in dieser Weise verwendet. Das Grauen, die Ausweglosigkeit, das Tappen im Dunkeln, das depressive Menschen so oft spüren, ist in der Symbolik der Nacht anschaulich eingefangen, denn selbst wenn man nicht an Depression leidet, wissen die meisten, wie sich eine dunkle Nacht, die scheinbar nicht endet, anfühlen kann.

C. G. Jung, der berühmte Schweizer Psychiater und Begründer der analytischen Psychologie, spricht zudem vom »Schatten« eines Menschen und meint damit die unbewusste Seite unserer Persönlichkeit, das, was wir selbst nicht sehen können oder wollen, unsere »blinden Flecken«, die im Dunklen liegen und uns oft genug selbst verborgen bleiben. Das Unbewusste und das Unterbewusste spielen für die analytische Psychologie generell eine große Rolle, so auch der Traum bzw. die Traumdeutung. Wenn wir in den Schlaf gleiten, wird unser bewusstes Ich sozusagen ausgeknipst. Wir haben dann keine Kontrolle mehr über unser Denken. C. G. Jung war der Ansicht, dass daher in den Träumen unser Unterbewusstsein zu uns spricht, uns Botschaften sendet, die wir nicht steuern können, sondern eben aus unserem Innersten heraufsteigen. Viele Menschen in therapeutischer Behandlung haben daher auf ihrem Nachttisch ein Notizbuch liegen, ein Traumtagebuch, in dem sie, wenn sie nachts oder gegen Morgen aus einem Traum erwachen, notieren, was ihnen daraus noch präsent ist.

Ich habe das selbst schon häufig ausprobiert, wobei ich merke, dass ich gerade in Lebensumbrüchen oder schwierigen Situationen sehr heftig träume. Wenn ich mich dann darauf eingelassen habe, der Symbolik meiner Träume nachzugehen, haben die Träume mir tatsächlich schon häufig Dinge über mich verraten, die ich wach so nicht erkannt hätte, und mir weitergeholfen, neue Wege zu finden und Entscheidungen zu treffen.

Vielleicht fällt es auch deshalb vielen Menschen so schwer, in den Schlaf zu finden, weil sie Angst davor haben, was sie erwartet, wenn sie einmal die Kontrolle ganz abgeben. Zugegeben: Albträume sind kein Spaß. Und je nachdem, mit welchen Traumata man sich herumplagt, kann ich gut verstehen, dass es einem Angst macht, die Augen zu schließen und die Bilder zu erwarten, die dann kommen. Träume können aber andererseits auch besser sein als jede Droge: Man reist an andere Orte und in andere Zeiten, ist nicht an die Realität und an die Gesetze der Physik gebunden, kann außerhalb seines Selbst sein, muss nicht man selbst sein, kann sich manchmal sogar von außen, von oben betrachten.

Die Nacht ist in diesem Zusammenhang jedoch auch eine Metapher für den Tod. »Schlafes Bruder« wird er genannt. Im Traum kommt man ihm wohl am nächsten, gerade mit der Erfahrung, außerhalb von sich selbst zu sein, sich von oben oder von Weitem beobachten zu können – manche Menschen beschreiben so oder so ähnlich ihre Nahtoderfahrung.

Gerade in früheren Zeiten, ohne Beleuchtung auf der Straße oder elektrisches Licht in den Häusern, fühlte sich das Im-Bett-Liegen manchmal wohl an, wie im Grab zu liegen: Die vollkommene Dunkelheit, das Gefühl, die Orientierung verloren zu haben – so stelle ich es mir vor, lebendig begraben zu sein. Die Nacht, die Dunkelheit steht in Bezug auf das Thema Tod und Trauer, aber auch für das Gefühl von Einsamkeit, Alleinsein, Verlorensein: Während man am Tag noch mit Arbeit und anderen Dingen beschäftigt ist und im Kontakt mit einigen Menschen, hört dies mit dem Einsetzen der Nacht auf. Dann wird die Leere im Haus, die leere Betthälfte nebenan einem erst wirklich bewusst. Es ist niemand mehr da, mit dem man sich unterhalten kann, der einen in den Arm nimmt, der vielleicht auch die Angst vor der Nacht fernhält. Gerade an den Abenden und in den Nächten wird die Einsamkeit für viele Trauernde, aber auch für die, die unfreiwillig allein Leben, mit voller Wucht spürbar. Keine Ablenkung mehr, nur das Zurückgeworfensein auf sich selbst.

Diese Einsamkeit, die Menschen in der Nacht befällt, selbst wenn sie Licht machen oder sich sogar Gesellschaft suchen, hat Rainer Maria Rilke unglaublich dicht in der Atmosphäre seines Gedichts »Menschen bei Nacht« eingefangen.

Menschen bei Nacht

Die Nächte sind nicht für die Menge gemacht.
Von deinem Nachbar trennt dich die Nacht,
und du sollst ihn nicht suchen trotzdem.
Und machst du nachts deine Stube licht,
um Menschen zu schauen ins Angesicht,
so musst du bedenken: wem.

Die Menschen sind furchtbar vom Licht entstellt,
das von ihren Gesichtern träuft,
und haben sie nachts sich zusammengesellt,
so schaust du eine wankende Welt
durcheinandergehäuft.
Auf ihren Stirnen hat gelber Schein
alle Gedanken verdrängt,
in ihren Blicken flackert der Wein,
an ihren Händen hängt
die schwere Gebärde, mit der sie sich
bei ihren Gesprächen verstehn;
und dabei sagen sie: Ich und Ich
und meinen: Irgendwen.

Rainer Maria Rilke

Ein Blick in die Religionen

Von Anbeginn der Menschheit waren Tag und Nacht, Sonne und Mond die bestimmenden Größen im Leben unserer Ur-ahnen. Nicht nur, weil diese für sie ganz ohne Uhr und ande-re Instrumente leicht zu beobachten waren, sondern weil sie eben Gefahr oder weniger Gefahr, Zeit für Nahrungssuche und Zeit zum Ausruhen bedeuteten, also auch ihre eigenen Lebens-vollzüge wesentlich mitbestimmten. Ich habe gelesen, dass die Evolution die Müdigkeit und den Schlaf sozusagen als Schutz für den Menschen erfunden hat, damit er nicht an seiner eige-nen Neugier zu Grunde geht: Wäre er auch nachts aktiv, wäre er wahrscheinlich schon ausgestorben, weil er seinen natürlichen Fressfeinden in dieser Zeit sinnlich unterlegen ist und zudem wahrscheinlich in alle möglichen Felsspalten oder in irgend-welche Abgründe gefallen oder ertrunken oder erstickt wäre.

Gerade in unseren Breiten war aber nicht nur der Wechsel von Tag und Nacht, sondern auch der der Jahreszeiten bzw. der Zyklus eines Jahres recht leicht an den Veränderungen in der Natur und den Sonnen- bzw. Nachtstunden ablesbar. Da-her hat sich in fast allen Kulten und Religionen ein Mythos um die Sonne bzw. deren Lauf durch den Tag und das Jahr gebil-det. Wie auch für andere Naturphänomene suchte man so eine Erklärung zu finden, die dabei half, einen gewissen Rhythmus und damit Sicherheit im Leben zu finden. Zudem spürten un-sere Vorfahren viel deutlicher als wir heute, dass ihr Überleben vom Licht abhängt, weil die ganze Natur und vor allem alles Essbare nur gedeiht, wenn es genug und im richtigen Maß Licht bekommt. Weil diese Abhängigkeit so elementar war, versuchten Menschen schon immer Wege zu finden, sich dem weniger ausgeliefert zu fühlen. Sie entwickelten Rituale und Kulte, die ihnen das Gefühl gaben, selbstwirksam zu sein, also die Elemente bzw. die Götter, die sie dahinter sahen, beeinflussen zu können mit ihrem Tun.

So haben sich in vielen Regionen und Kulturen ganze Götterwelten zunächst um die Nachtgestirne Sterne und Mond (weil leichter zu beobachten), dann um das Taggestirn Sonne gebildet. Im römischen Reich kannte man als einen der wichtigsten Götter *Sol*, meistens als *Sol invictus* bezeichnet, »die unbesiegte Sonne«. Die Griechen nannten ihren Sonnengott *Helios* und er hatte sehr viele ähnliche Eigenschaften und Insignien wie sein römischer Zwilling. Dennoch hatten sich beide völlig unabhängig voneinander in den verschiedenen Gegenden entwickelt. Im persischen Reich verehrte man den Gott Mithra, der für den Wechsel von Tag und Nacht und den der Jahreszeiten zuständig war, aber auch sonst für die (ewige) Ordnung der Dinge und der Gesellschaft stand. Einige glaubten, die Sonne sterbe am Abend oder gehe in ein anderes Land. Bis zum Morgen, wenn mit der Sonne das Leben wiederkehrt, herrsche dann ein dunkler Gott oder der Tod. Bei den Griechen fürchtete man Nyx, die Göttin der alles unterwerfenden Nacht. Bei den Römern glaubte man an die Nachthexe Strix, die in dieser Zeit ihr Unwesen trieb. Daher haben auch die Lichter in der Nacht große Bedeutung: Sie halten die Angst fern bzw. die Götter der Dunkelheit und des Todes in Schach, schenken (nicht nur den Seefahrern) Orientierung, machen Dinge wieder sichtbar und nehmen ihnen damit den Grusel oder das Gefährliche. In vielen Kulten wird der oberste Gott mit dem

Licht gleichgesetzt, der dunkelste Gott oder die Dämonen mit der Nacht. Der »Lichtkult«, der in der Antike weit verbreitet war, hat vielleicht auch seine Wurzeln in den Auswirkungen der Erfindung des Feuers, das in so vieler Hinsicht das Leben des Menschen veränderte, dem die Menschen einen solchen Sprung in der Evolution verdankten.

Im Manichäismus ist dieses Verhältnis von Licht und Dunkel dann sozusagen noch eine Schraube weitergedreht. Die Anhänger dieser Religion, die in den ersten Jahrhunderten unserer Zeitrechnung eine große Rolle spielte, sahen diesen Dualismus als das bestimmende Prinzip von allem in der Welt, also als etwas, das nicht nur Tag und Nacht bestimmt, sondern die Welt in ihrem ganzen Sein: das göttliche Lichtreich steht dem Reich der Finsternis gegenüber, die Welt wird so etwas wie ein Schlachtfeld für die beiden. Eine der entscheidenden Wurzeln des Manichäismus ist die sogenannte Gnosis, eine Weltanschauung, in der dieser Dualismus von Hell und Dunkel, gleichgesetzt mit Gut und Böse, ebenfalls eine oder eher sogar die entscheidende Rolle spielt. Die Gnosis wiederum hatte großen Einfluss auf

das Christentum der ersten Jahrhunderte, und ihre Spuren finden sich sogar in den Evangelien des Neuen Testaments: »Denn darin besteht das Gericht: Das Licht kam in die Welt, doch die Menschen liebten die Finsternis mehr als das Licht; denn ihre Taten waren böse. Jeder, der Böses tut, hasst das Licht und kommt nicht zum Licht, damit seine Taten nicht aufgedeckt werden. Wer aber die Wahrheit tut, kommt zum Licht, damit offenbar wird, dass seine Taten in Gott vollbracht sind«, heißt es bei Johannes (Joh 3,19–21). Spannenderweise ist das ein Auszug aus einem Gespräch, das Jesus mit Nikodemus, einem Pharisäer, also einem jüdischen Schriftgelehrten, mitten in der Nacht führt. Nikodemus stellt ihm beinahe schon philosophische Fragen, die Jesus ebenso philosophisch beantwortet – ein typisches Nachtgespräch also.

Der Dualismus von Hell und Dunkel zieht sich jedoch bis heute durch die christlichen Denk- und Traditionsmuster, wobei hier das Moralische dieser Zweiteilung der Welt noch einmal ein deutlich größeres Gewicht bekommen hat: Das Gute ist das Helle, das Heilende, das, was Leben spendet, und dazu zählt vor allem das moralisch »Helle«, also Tugenden wie Bescheidenheit, Askese, Dankbarkeit, Enthaltsamkeit, Armut, Liebe, Reinheit … Die Dunkelheit dagegen ist Tod – und dazu zählt vor allem das moralisch »Dunkle«: Verführung, Zwielichtiges, Erotisches, der Leib, »Todsünden« wie Völlerei, Neid, Stolz, Geiz, Wollust, Faulheit … Diese moralische Aufladung von Hell und Dunkel oder, wenn man so will, die Weiterentwicklung des natürlichen Dualismus von Tag und Nacht findet sich auch heute noch in vielen Religionen, zumindest spurenhaft. Irgendwie scheint die Nacht mit ihren Schrecken den

Menschen bis in die Gegenwart so in der DNA zu sitzen, dass diese Kategorien nicht verblassen und selbst für moderne Menschen bestimmend bleiben.

Im Märchen findet man oft einen ähnlichen Dualismus von Hell und Dunkel bzw. die Zuordnung von Gut und Böse zu Hell und Dunkel. Die Nacht ist hier häufig die Zeit der Gefährdung, in der die Protagonisten vom Weg abkommen oder ihn nicht mehr finden können, wie beispielsweise in Hänsel und Gretel. Wenn man die Märchen weniger als Geschichten, sondern eher unter einem psychologischen Blickwinkel betrachtet, kann man dieses Abkommen vom Weg im übertragenen Sinn verstehen. Die Nacht ist in den Märchen aber noch mehr. Einmal steht sie wie in der Psychologie für das Unbewusste oder die Schattenseite des Menschen, die ja nicht immer negativ sein muss, sondern häufig einfach ausgeblendet wird. In Aschenputtel »mutiert« die Hauptfigur nachts vom Aschenputtel zur wahren Prinzessin. Am Tag darf sie diese Seite aber nicht zeigen, verleugnet sie sogar, um von der Stiefmutter und den Stiefschwestern nicht weiter verletzt zu werden. In »Rumpelstilzchen« ist die Nacht die Zeit der Wahrheit, weil die Königin am Feuer den Namen des Männleins erfährt, während dieses um das Feuer tanzt, und so ihr Kind rettet. Die Wahrheit oder der wahre Kern eines Menschen kommt ebenfalls im »Froschkönig« in der Nacht zum Vorschein, als die Königin den grässlichen Frosch gegen die Wand wirft und statt Froschmatsch daraus ein wunderschöner Prinz wird. Es ist also auch die Zeit der Wandlung, in der das Eigentliche geschieht.

Das ist allerdings nicht nur im Märchen der Fall, sondern lässt sich ebenso in anderen Zusammenhängen beobachten, in denen es um wesentlich Menschliches – oder Göttliches – geht. Zum Beispiel das »Wunder« der Heiligen Nacht: dass Gott Mensch wird. Oder die andere große christliche Wandlung an Ostern – vom Tod zum Leben – geschieht ebenfalls über Nacht. Überträgt man das vom Tages- auf den Jahreslauf, findet man in anderen Mythen ebenfalls das Motiv, dass der Durchgang durch die Nacht als Symbol für den Winter und den Tod schließlich durch Wandlung zum Leben führt. So muss beispielsweise Persephone einen Teil des Jahres in der Unterwelt verbringen, um dann im Frühling wieder an die Oberfläche und zu ihrer Mutter Demeter zurückzukehren und die Welt damit wieder zum Leben zu erwecken.

Wahrscheinlich kennt aber auch jeder Mensch das Gefühl, dass sich manche Zeiten in unserem Leben anfühlen wie eine Nacht: wenn ein geliebter Mensch gestorben ist, eine Beziehung zerbricht, man den Job verliert oder von anderen Schicksalsschlägen heimgesucht wird. Manchmal dauert es sehr

lange, aber in den allermeisten Fällen endet diese »Nacht« irgendwann wieder und man geht verletzt, aber gestärkt aus diesen Zeiten hervor. Und plötzlich kann man die »Wunderge-schichten« oder die Mythen am eigenen Leib nachvollziehen, man versteht, was mit »Auferstehung« aus der Nacht, aus dem Tod gemeint sein könnte.

Schaut man heute in die Traditionen der verschiedenen Religio-nen, findet man noch immer Spuren davon, dass die Nacht eine besondere Rolle spielt. Im Islam beginnt beispielsweise das täg-liche Fastenbrechen im Fastenmonat Ramadan dann, wenn der erste Stern am Himmel sichtbar ist. Ähnlich ist es im Juden-tum: Der Sabbath beginnt jede Woche am Freitagabend, wenn der erste Stern am Himmel sichtbar ist. Alle jüdischen Feste dauern übrigens nicht von 0 bis 24 Uhr des Festtages, sondern vom Vorabend des Festes, eben wenn der erste Stern sichtbar ist, bis zum Abend des nächsten (Fest-)Tages. Des Weiteren gibt es ähnlich wie im Christentum einige Feste, die mit der Nacht verknüpft sind, zum Beispiel das Lichterfest Chanukka oder der Sederabend vor dem höchsten jüdischen Fest, dem Pessach.

Zudem bildet die Grundlage des islamischen Jahreskalenders das Mondjahr, sodass sich beispielsweise der Termin für den Fastenmonat jährlich verschiebt. Im Judentum ist es der soge-nannte Lunisolarkalender, der sich grundsätzlich ebenfalls an den Mondphasen orientiert und jeden Monat ungefähr mit dem Neumond beginnt, das gegenüber dem Sonnenjahr kürzere Mondjahr aber alle paar Jahre mit einem 13. Monat ausgleicht, damit die Feste nicht unabhängig vom Datum und der Jahres-zeit werden und immer ungefähr zur gleichen Zeit stattfinden.

Der Mondkalender ist menschheitsgeschichtlich gesehen älter, da die einzelnen Mondphasen leichter und zuverlässiger beobachtbar waren als die Sonnenphasen. Das christliche Festjahr hat das Sonnenjahr als Grundlage, wobei sich die Termine von Ostern und daraus resultierend auch von Pfingsten und Fastnacht am ersten Frühlingsvollmond orientieren.

Mondnacht

Es war, als hätt der Himmel
Die Erde still geküßt,
Dass sie im Blütenschimmer
Von ihm nun träumen müsst.

Die Luft ging durch die Felder,
Die Ähren wogten sacht,
Es rauschten leis die Wälder,
So sternklar war die Nacht.

Und meine Seele spannte
Weit ihre Flügel aus,
Flog durch die stillen Lande,
Als flöge sie nach Haus.

Joseph von Eichendorff

Ein Blick in die Bibel

In der Bibel ist die Nacht mit ihren Schrecken, aber auch mit ihren Wundern immer wieder bestimmend, sowohl für die Geschichten im Alten wie im Neuen Testament.

Da ist zunächst die von Jakob, der am Jabbok, einem Fluss bzw. eine Flussschlucht im Ostjordanland, nachts mit einem anderen ringt (Ex 32,23–33). Eigentlich steht im Text, dass sein Widersacher ein Mann sei, im Verlauf der Erzählung hat man aber den Eindruck, dass es eher entweder Gott selbst ist oder einer seiner Engel. Der Kampf dauert die ganze Nacht, und sein Gegenüber verletzt Jakob dabei an der Hüfte. Als die Morgenröte erscheint, sagt Jakobs Gegner, er solle ihn loslassen. Jakob scheint aber verstanden zu haben, mit wem er hier ringt, und antwortet: »Ich lasse dich nicht, es sei, du segnest mich denn.« Der andere fragt Jakob nun nach seinem Namen und nachdem er ihn genannt hat, antwortet dieser: »Du sollst nicht mehr Jakob heißen, sondern Israel, denn du hast mit Gott und den Menschen gerungen und gewonnen.« Selbst nach seinem Namen gefragt, will er ihn Jakob nicht nennen, aber er segnet ihn tatsächlich. Als Jakob zurückkehrt zu seiner Familie, wird er fortan Israel genannt und bis an sein Lebensende hinken, weil er in diesem Kampf von Gott oder seinem Engel an der Hüfte verletzt wurde. Interessant ist hier das Motiv, dass Jakob Gott in der Nacht begegnet und dass er durch diese nächtliche Begegnung verwandelt wird – er bekommt sogar einen neuen Namen, wird ein anderer. Aber er wird auch »gezeichnet« durch seine Verletzung an der Hüfte, die ihn immer an diese Begegnung erinnern wird.

Gerade für die jüdische Tradition ist die Erzählung aus Exodus 12,1–51 wesentlich. Es geht um den Auszug aus der Sklaverei in Ägypten, und in diesem Text wird die Feier des Pessach, des höchsten jüdischen Festes, beschrieben. Kern der Erzählung ist, dass Jahwe Mose verkündet, dass er in dieser Nacht alle Erstgeborenen im Land erschlagen wird, sowohl bei den Menschen als auch beim Vieh. Nur jene, die das Blut eines Opferlammes an ihre Türstürze gestrichen haben, wird er verschonen (Ex 12,12.13). Nach dieser Nacht lässt der Pharao das jüdische Volk endlich in die Freiheit ziehen, auch wenn er ihnen am Schilfmeer dann noch einmal nachsetzt, dabei aber mit Mann und Maus untergeht. Die Geschichte ist für heutige Ohren schwer verständlich, aber gerade die Erfahrung der Befreiung durch Jahwe bildet den Dreh- und Angelpunkt der jüdischen Religion und des Selbstverständnisses der Gläubigen.

Im ersten Buch Samuel wird die Berufungsgeschichte des Propheten erzählt (1 Sam 3,3–14): Samuel schlief im Tempel, wo er in die Obhut des Oberpriesters Eli gegeben worden war. Nachts hörte er eine Stimme, die seinen Namen rief. Er ging zu Eli, weil er meinte, dieser bräuchte etwas und hätte nach ihm gerufen. Eli schickte ihn jedoch wieder schlafen. Als die Stimme zum dritten Mal rief, verstand Eli, dass es Gott war, der hier zu ihm sprach. Er sagte zu Samuel, beim nächsten Mal solle er antworten: »Rede, Herr, dein Diener hört.« So geschah es und Gott schenkte Samuel seine erste Offenbarung und berief ihn als Propheten. Wie an anderen Stellen der Bibel, aber auch in anderen Traditionen und Religionen ist die Nacht hier die »Zeit Gottes«, in der er zu den Menschen spricht, weil die Dunkelheit und die geheimnisvolle Atmosphäre eine besondere Nähe zu ihm ermöglichen. Vielleicht aber auch, weil die Menschen in dieser Zeit besonders empfänglich sind für Gottes Anwesenheit und Rede, da sie von keiner anderen Geschäftigkeit oder Begegnung abgelenkt werden, sondern »ganz Ohr« sind.

Im Neuen Testament ist die erste Nacht von großer Bedeutung, die der Geburt Jesu, wie sie im Lukasevangelium erzählt wird (Lk 2,1–19). Gott spricht also im Dunkeln nicht nur zu den Menschen, sondern er kommt selbst zur Welt. Auch hier spielen die Engel als Boten Gottes wieder eine wesentliche Rolle, doch diesmal verletzen sie niemanden, sondern sagen den Hirten ausdrücklich: »Fürchtet euch nicht!« – ein Satz, der im Neuen Testament immer wieder vorkommt und sich häufig auf die Nacht und die Erscheinung Gottes darin bezieht. Sie versuchen also sowohl der Nacht als auch der Erscheinung Gottes das Schreckliche zu nehmen, das die Menschen zittern lässt (*mysterium tremendum*) und ihnen das Schöne, das Faszinierende daran deutlich zu machen: »Siehe, ich verkündige euch eine große Freude!« (Lk 2,10).

Des Weiteren ist die Nacht für das Gespräch zwischen Jesus und dem Pharisäer Nikodemus wesentlich. Nikodemus sucht Jesus mitten in der Nacht auf, wahrscheinlich, weil er von seinen Glaubensbrüdern nicht gesehen werden wollte. Die Bibel nennt ihn einen »Oberen unter den Juden« und mit den Pharisäern geriet Jesus immer wieder aneinander. Nikodemus aber glaubt, dass Jesus ein Lehrer ist, von Gott gesandt, weil er Zeichen tut, die nur jemand mit Vollmacht von Gott wirken kann. Daraus entspannt sich ein tiefgehendes Gespräch der beiden – über den Sinn des Lebens, das »Leben aus dem Geist« und das Wiedergeborenwerden aus dem Geist. Und letztlich auch darüber, wer Jesus wirklich ist und was seine Aufgabe als Sohn Gottes auf der Erde ist (Joh 3,1–21). Das Gespräch liegt eingebettet zwischen dem ersten öffentlichen Auftreten Jesu bei der Hochzeit zu Kana, wo er gleich ein Wunder wirkt, und dem ersten Pessachfest, das Jesus in Jerusalem feiert und bei dem er die Händler aus dem Tempel vertreibt. Es geht also hier darum, deutlich zu machen, was sozusagen das Programm Jesu ist, vielleicht auch, was sein Selbstverständnis ist, wie er sich und sein Wirken unter den Menschen sieht. Und natürlich, wie die jüdischen Gelehrten ihn sehen. Stellvertretend für sie steht hier Nikodemus, der Fragen stellt und Antworten bekommt. Die Nacht ist in dieser Erzählung wiederum wichtig als eine Zeit, in der Gott den Menschen nah sein kann, in denen sie mehr von ihm verstehen, er ihnen mehr von sich erklären kann als am Tag, weil sie anders hören, anders zuhören. Jeder, der schon einmal mit anderen ein tiefes Gespräch im Schein von Kerzen geführt hat, weiß, dass solche Unterhaltungen einfach ein anderes Gepräge, eine andere Atmosphäre haben als am

Tag und dass sowohl eigene Einsichten als auch Einsichten in menschliche und kosmische Zusammenhänge leichter fallen, weil man eher bereit ist, das »Mehr«, das, was über uns hinausgeht, was oft unfassbar scheint, wahrzunehmen und ernst zu nehmen. So geht es auch Nikodemus in diesem Gespräch.

Viele andere Erzählungen im Neuen Testament, in denen die Nacht vorkommt, stehen im Zusammenhang mit den letzten Tagen Jesu vor seiner Hinrichtung bzw. dem Ostergeschehen. Da ist zunächst das letzte Abendmahl mit seinen Jüngern, das im Markusevangelium als das Fest des Sederabends vor dem jüdischen Pessachfest beschrieben wird. Jesus schickt seine Jünger aus, um einen Saal zu finden, wo er an diesem Abend mit ihnen das Lamm essen kann, wie es im Buch Exodus für diesen Anlass vorgeschrieben ist. Nach jüdischer Tradition werden sie mit dem Fest begonnen haben, als der erste Stern am Himmel erschien. Bei Markus heißt es: »Als es Abend geworden war ...« (Mk 14,17). Ein gemeinsames Essen am Abend, zumal zu einem so hohen Festtag, ist etwas Besonderes und etwas ganz anderes als ein alltägliches Mittagessen. Ganz bewusst wird die Geschichte Jesu hier und in den anderen Evangelien zur Erzählung aus dem Alten Testament parallelisiert. Es ist schon eine Deutung des Geschehens – und die Nacht ist dabei ein wichtiges Symbol.

Anschließend nimmt Jesus einige der Jünger mit in den Garten Getsemani, um zu beten (Mk 14,32–42). Doch eigentlich ist es eine Erzählung darüber, dass Jesus Todesangst hat, weil er weiß, was mit ihm geschehen wird, wenn er verhaftet wird. Er bittet die Jünger, mit ihm wachzubleiben, aber die Jünger verstehen den Ernst der Lage nicht. Und sie werden sich beim Abendmahl sattgegessen und wohl auch Wein getrunken haben, sodass sie einfach einschlafen, sobald Jesus etwas abseits gegangen ist, um zu beten. Es muss zur Nachtzeit in diesem Garten sehr dunkel gewesen sein. Kein Wunder, dass den Jüngern die Augen zufielen. Und kein Wunder, dass die furchtbare Angst, die Jesus die Kehle zuschnürt, mitten in dieser Finsternis über ihn kommt. Die Finsternis ist das Bild für die Angst, die Ausweglosigkeit, die Jesus spürt. Dann wird er verhaftet. Und von Petrus dreimal verleugnet, ehe mit dem ersten Hahnenschrei der Morgen seines Todes heraufzieht.

Am Abend des nächsten Tages kümmert sich Joseph von Arimathäa um den Leichnam Jesu: Er bittet Pilatus darum, ihn vom Kreuz abnehmen zu dürfen, salbt ihn, wickelt ihn in Leintücher und legt ihn in ein Felsengrab (Mk 15,42–46). Es wird Nacht um Jesus – draußen und drinnen.

Und als die Nacht zu Ende geht, in der dunkelsten Stunde vor Sonnenaufgang, geschieht das Osterwunder. Es wird nichts darüber erzählt, es wird nur beschrieben, was geschieht oder was die Frauen wahrnehmen, die in dieser Stunde zum Grab gekommen sind, um Jesus noch einmal zu salben: Er ist nicht mehr da (Mk 16,4.5). Stattdessen sitzt dort ein weißgekleideter Mann (wie in der Geschichte von Jakob am Jabbok) und sagt ihnen wiederum, sie sollen sich nicht fürchten, Jesus sei auferstanden. Leider hören die Frauen dieses Mal nicht auf den Engel, denn sie fürchten sich sehr. Markus schreibt sogar: »Da verließen sie das Grab und flohen, denn Schrecken und Entsetzen hatte sie gepackt« (Mk 16,8). Und statt die frohe Botschaft zu verkünden, dass Jesus gar nicht tot ist, erzählen sie niemandem davon, weil sie sich so sehr fürchten. Der Schrecken der Nacht wird hier noch vom Schrecken des Todes übertroffen – oder vielleicht eher dem Schrecken, dass jemand aus der Nacht des Todes aufgestanden und wiedergekehrt ist.

Im Johannesevangelium ist der Schrecken Maria von Magdalas ebenfalls groß, als sie versteht, was passiert ist. Aber da Jesus ihr laut dieser Erzählung selbst begegnet, ist ihre Freude noch größer als ihre Angst. Hier ist es allerdings tatsächlich noch dunkel, als sie zum Grab kommt. In der Erzählung von Markus war gerade die Sonne aufgegangen. Mit dem Hellwerden, mit der Sonne steht Jesus also aus dem Tod, aus seinem Grab wieder auf und besiegt damit die »Nacht des Todes«.

Die letzte Erzählung, die unmittelbar zu Ostern gehört und in der die Nacht eine Rolle spielt, ist die von den Jüngern, die nach Emmaus gehen, weil sie vom Tod Jesu, aber noch nicht von seiner Auferstehung gehört haben und so traurig sind, dass sie es nicht mehr aushalten, zu Hause herumzusitzen. Unterwegs treffen sie einen Fremden, der ihnen das Geschehen rund um Jesu Sterben erklärt und sie im Gespräch tatsächlich trösten kann. Als sie beinahe am Ziel angekommen sind, sagen sie zu ihm: »Herr, es will Abend werden, und der Tag hat sich geneigt. Bleibe bei uns.« Sie laden ihn zum Abendessen ein. Und in dem Moment, als er das Brot bricht, erkennen sie, dass es Jesus ist, der mit ihnen unterwegs war und nun am Tisch sitzt. Im gleichen Moment verschwindet er jedoch vor ihren Augen. Und vor lauter Freude, dass er lebt, laufen sie mitten in der Nacht den ganzen Weg zurück nach Jerusalem, um ihren Freunden davon zu erzählen (Lk 24,13–35). Die Emmausgeschichte ist mit dem Abendmahl, bei dem die beiden Jünger den auferstandenen Jesus erkennen, also sozusagen das Ende der

Rahmengeschichte um die Ostererzählung. Am Anfang steht das letzte Abendmahl als Jesus von Nazaret, am Ende das erste Abendmahl als auferstandener Christus. Mit dem Abend beginnt und endet der jüdische Festtag. Und mit dem Abend und der Nacht ist Gott den Menschen besonders nah.

Der Ölbaumgarten

Er ging hinauf unter dem grauen Laub
ganz grau und aufgelöst im Ölgelände
und legte seine Stirne voller Staub
tief in das Staubigsein der heißen Hände.

Nach allem dies. Und dieses war der Schluss.
Jetzt soll ich gehen, während ich erblinde,
und warum willst Du, dass ich sagen muss,
Du seist, wenn ich Dich selber nicht mehr finde.

Ich finde Dich nicht mehr. Nicht in mir, nein.
Nicht in den andern. Nicht in diesem Stein.
Ich finde Dich nicht mehr. Ich bin allein.

Ich bin allein mit aller Menschen Gram,
den ich durch Dich zu lindern unternahm,
der Du nicht bist. O namenlose Scham ...

Später erzählte man, ein Engel kam – .
Warum ein Engel? Ach es kam die Nacht
und blätterte gleichgültig in den Bäumen.
Die Jünger rührten sich in ihren Träumen.
Warum ein Engel? Ach es kam die Nacht.

Die Nacht, die kam, war keine ungemeine;
so gehen hunderte vorbei.
Da schlafen Hunde, und da liegen Steine.
Ach eine traurige, ach irgendeine,
die wartet, bis es wieder Morgen sei.

Denn Engel kommen nicht zu solchen Betern,
und Nächte werden nicht um solche groß.
Die Sich-Verlierenden lässt alles los,
und die sind preisgegeben von den Vätern
und ausgeschlossen aus der Mütter Schoß.

Rainer Maria Rilke

Ein Blick in die Künste

Kunst und Literatur als Ausdruck menschlicher Erfahrung und deren Verarbeitung beschäftigen sich ebenfalls auf verschiedenste Weise mit der Nacht. Und auch sie oszillieren zwischen den beiden Polen des Schreckens und der Schönheit. Man denke zum Beispiel nur an das Gemälde »Sternennacht« von Vincent van Gogh auf der einen Seite und »Nighthawks« von Edward Hopper auf der anderen Seite. Ersteres hat eine unglaubliche Strahlkraft durch die Pinselführung und die Farbgebung und bringt damit die Schönheit und das Faszinierende der Nacht zum Ausdruck. Zweiteres fängt die Einsamkeit und die Vereinzelung, die Traurigkeit, die Menschen in den Nächten spüren, selbst wenn sie dabei zusammen am Tresen sitzen, auf unglaubliche Weise ebenfalls durch die Farbgebung, aber auch durch die Darstellung der Szenerie ein.

In der Musik hat man häufig den Eindruck, dass beides vermischt wird: das Schöne mit der Melancholie, die Dämmerung und Nacht im Hörer wachrufen. So ist Beethovens »Ode an die Nacht« ein feierliches Stück, das eigentlich den Frieden und die Ruhe beschwört, den das Ende des Tages dem Menschen bringt. Aber der Text, der aus der Romantik stammt, nimmt dabei auch Bilder auf, die auf uns heute eher melancholisch wirken. Ähnliches findet sich in vielen modernen Songs, beispielsweise »Nightswimming« von R.E.M. Hier wird jedoch zusätzlich eine Erinnerung an eine Nacht lebendig, an die das Ich des Songtextes mit Wehmut zurückdenkt.

In der »Mondscheinsonate« von Beethoven wird diese Mischung sogar ganz ohne Text spürbar beziehungsweise hörbar.

Oder »Nessun dorma« aus der Oper Turandot von Giaccomo Puccini: Die Melodie – vielen auch heute noch bekannt in der Interpretation von Luciano Pavarotti – ist beinahe herzzerreißend, mächtig, schön und traurig zugleich. Und bringt damit auch zum Ausdruck, worum es in der Arie geht: Prinzessin Turandot muss bis zum Sonnenaufgang den Namen des Prinzen Kalaf herausgefunden haben, damit dieser sie von ihrem Heiratsversprechen entbindet (und das Motiv erinnert sicher nicht unabsichtlich an das Märchen von Rumpelstilzchen). Kalaf möchte aber die Prinzessin zur Frau, und so beschwört er seine Untertanen, dass sie nicht schlafen dürften in dieser Nacht. Denn wenn sie seinen Namen doch herausfindet, müssten sie – die Untertanen – sterben.

Bei den meisten klassischen Musikstücken hat man aber trotz des Textes meist das Gefühl, dass es dem Komponisten darum ging, »schöne« Musik zu schreiben, die den Zuhörer langsam zur Ruhe und zur Nachtruhe bringt. Nicht umsonst heißt eines der bekanntesten Stücke Mozarts »Eine kleine Nachtmusik«. In vielen Liedern aus dem letzten und diesem Jahrhundert dagegen kommen die sehr unterschiedlichen Facetten der Nacht noch einmal ganz anders in den Ton. Da geht es um Nachtleben (»Nightfever«) und Drogenrausch (»Sister Morphine«), um Zweisamkeit (»We got tonight«), Romantik (»Lady in Red«), Liebeserlebnisse (»Say goodby«), um Ekstase (»The Power of Love«) und Einsamkeit (»Turn the Page«) und Ängste (»Every single night«), aber auch um die Schönheit eines Sternenhimmels einer Sommer- oder Winternacht (»A sky full of stars«) – also eigentlich um die ganze Bandbreite menschlicher Erfahrung, die sich in der Nacht verdichtet.

Die Vertonung der Shakespearkomödie »Ein Sommernachtstraum« bildet sozusagen die Brücke zwischen Musik und Literatur. Und auch dieses Stück, ob in Musik oder Worten, spielt mit den beiden Polen der Nacht: dem Schrecken wie der Schönheit, der Verhexung wie der Verzauberung. Hinzu kommt das Element Traum, in dem beides aufgehoben und alles möglich, aber nichts wirklich scheint.

Ähnlich wie in der Musik könnte man ein eigenes Buch, wahrscheinlich eher mehrere Bände aus literarischen Texten zusammenstellen, in denen sich alles um die Nacht dreht. Und auch, wenn sie gerade in den Werken der Romantik manchmal schon penetrant bemüht wird, ist die Nacht bis heute so wesentlich in ihrem Erleben, dass Autoren und Poeten sie in all ihren Facetten zum Gegenstand ihrer Texte machen.

Ein kleiner Ritt durch meine Leseerinnerungen und die Literaturgeschichte: »Es war die Nachtigall und nicht die Lerche« – vielleicht eines der berühmtesten Zitate über die Nacht, ohne sie selbst zu erwähnen. Dabei ging es Shakespeare in »Romeo und Julia« um die Nacht als die Zeit der Liebenden, die immer zu kurz ist, immer zu schnell vorbei. Der Morgen kommt zu früh – was man zum Beispiel für den »Knaben im Moor« nicht behaupten kann. Er stirbt während des nächtlichen Ritts in den Armen des Vaters vor lauter Schreck und Angst vor den wirklichen und eingebildeten Grauen der Nacht. Wie man mit den nächtlichen Ängsten seines Sohnes auch anders umgehen kann, zeigt dagegen das wunderbare (und einzige) Kinderbuch von John Irving: »Ein Geräusch, wie wenn einer versucht, kein Geräusch zu machen«. Nicht zu vergessen Bill Wattersons herrlicher Comic »Calvin and Hobbs«, indem der Stofftiger

Hobbs für den unerschrockenen und politisch sehr unkorrekten Calvin zum Leben erwacht, sobald er mit ihm allein ist – und ihm vor allem nachts den Graul vor den Monstern unterm Bett und den Gedanken an die unerledigten Hausaufgaben abhält. Beeindruckt haben mich auch die unglaublich detaillierten Beschreibungen des Abends und der Nacht in der Natur aus Goethes »Die Leiden des jungen Werther«, die den Helden der Geschichte und seine geliebte Lotte mitunter zu Tränen rührt – sehr romantisch, im wahrsten Wortsinn. Ganz anders faszinierend die Beschreibung des nächtlichen Sturzes durch den Himmel der beiden Überlebenden eines Flugzeugabsturzes in Salman Rushdies »Die satanischen Verse« – unübersehbar ein Hinweis auf den »gefallenen Engel«, Satan, der hier allerdings gemeinsam mit seinem Gegenspieler, dem Erzengel Gabriel, durch die Wolken rast. Und die unzähligen Beschreibungen von Nächten im »Herr der Ringe«, die in den allermeisten Fällen große Gefahren und viele Geheimnisse bergen und den Gefährten nur selten Gelegenheit geben, sich einmal einfach nur in einem bequemen Bett auszuruhen.

In vielen anderen Fantasyromanen wie zum Beispiel »Harry Potter« geht es ähnlich zu. Zudem findet sich hier häufig der oben schon erwähnte Dualismus, der die Welt, von der erzählt wird, in Hell und Dunkel, Gut und Böse einteilt. Meist gibt es einen »dunklen Herrscher« und sein Gefolge, die gegen den »Weißen Magier« und seine Anhänger kämpfen. Und allermeistens geht es dabei um Leben und Tod oder Vernichtung. Die meisten Menschen machen dagegen in ihrem Leben die Erfahrung, dass nicht nur alle Theorie, sondern auch aller Alltag eher grau ist – eine Mischung aus schwarz und weiß, hell und dunkel, und dass diese eindeutige Einteilung der Welt nur im Reich der Fantasie gelingt. Aber genau diese Erfahrung ist es wohl auch, die Geschichten wie die von Harry Potter, Frodo Beutlin, Alina Starkov oder Peter Grand so unwiderstehlich für uns machen und »Verschlinggarantie« haben: Unser Leben ist oft genug schrecklich kompliziert. Deshalb tut es unglaublich gut, wenn die Dinge mal einfach sind, wenn es einfach ist zu erkennen, was und wer gut oder böse ist, was man besser lässt und was man besser anderen überlässt, zum Beispiel das Abenteuer in diesen Geschichten.

Und dann gibt es noch die vielen wunderschönen Gedichte, die die Nacht in all ihren Facetten und Stimmungen einfangen. Gerade im Sturm und Drang und in der Romantik wurde die Nacht zu einem wesentlichen Symbol in der Lyrik, vor allem in der zweifachen Bedeutung von Schrecken und Faszinosum. Denn Sehnsucht und Liebe, aber auch das Unheimliche sowie fantastische und traumhafte Motive spielten in diesen Zeiten eine große Rolle. Außerdem setzte man das »Natürliche«, das viele im einfachen Leben der Menschen auf dem Land und in der Natur verwirklicht sahen, als Gegenpol zum Leben in den Städten, das mit allen Annehmlichkeiten, aber auch den gesellschaftlichen Zwängen als gekünstelt erschien. Daher sind die Beschreibungen der Nacht in der Natur gerade in diesen Gedichten oft so eindrücklich und eindringlich und sehr von gefühlsbetonten Stimmungen getragen – was sie für mich aber nicht kitschig, sondern wunderschön macht.

Die Nacht

Wie schön, hier zu verträumen
Die Nacht im stillen Wald,
Wenn in den dunklen Bäumen
Das alte Märchen hallt.

Die Berg im Mondesschimmer
Wie in Gedanken stehn,
Und durch verworrne Trümmer
Die Quellen klagend gehn.

Denn müd ging auf den Matten
Die Schönheit nun zur Ruh,
Es deckt mit kühlen Schatten
Die Nacht das Liebchen zu.

Das ist das irre Klagen
In stiller Waldespracht,
Die Nachtigallen schlagen
Von ihr die ganze Nacht.

Die Stern gehn auf und nieder –
Wann kommst du, Morgenwind,
Und hebst die Schatten wieder
Von dem verträumten Kind?

Schon rührt sich's in den Bäumen,
Die Lerche weckt sie bald –
So will ich treu verträumen
Die Nacht im stillen Wald.

Joseph von Eichendorff

Gezeiten der Nacht

Am Rand des Tages: Blaue Stunde

An manchen Tagen setze ich mich in der Dämmerung ans Fenster und schaue dem Tag beim Ausatmen zu. Ich zünde keine Kerze an, mache kein Licht, sondern werde selbst Teil der dunkler werdenden Welt, lasse die Schatten auch auf mich fallen. Manchmal höre ich Musik dazu, manchmal bleibt es ganz still. Es ist dann, als würde für diese Momente die Zeit stillstehen, als legte man der Welt den Sternenmantel über und damit auch all dem, was tagsüber bedrückend oder schwierig war, was verärgert hat oder belastend war. Wenn es dann Nacht geworden ist, ist es auch in mir still geworden, und ich kann leise in meinen Alltag, in die Welt der Uhren und Stunden zurückkehren.

Ich erinnere mich an diese Tageszeit in der Bretagne. Wir waren zur Sommersonnenwende dort und die Dämmerung setzte erst nach elf Uhr am Abend ein. Aber was sich mir dann für ein Farbenspiel bot, war einfach jeden Abend so unglaublich schön, ich konnte nur schauen und musste auf der Terrasse sitzen bleiben, bis der letzte Schimmer im Westen verloschen war. Alles schien aus sich heraus zu leuchten, mit jeder Minute die Farbe zu wechseln, das Meer strahlte in Nuancen, die ich in einem Farbkasten nicht finden und selbst auf der Palette nicht mischen könnte.

Und auch, wenn ich den Winter nur schwer ertragen kann: Die Blaue Stunde an den kalten, klaren Tagen ist das, was mich mit ihm aussöhnt und was ich auf keinen Fall missen wollte. Ich habe immer den Eindruck, dass die Dämmerung in der Zeit zwischen November und Januar viel länger dauert als in den übrigen Monaten. Dazusitzen und vor dem Fenster die Verwandlung aus einer rotübergossenen Landschaft in eine zarte Rosawelt und am Ende in ein Land aus allen Blau- und Schwarzschattierungen zu beobachten, ist ein Schauspiel von unglaublicher Schönheit.

Doch welche Jahreszeit und welcher Ort auch immer: Die Blaue Stunde bringt mir Frieden ins Herz, verlangsamt die Zeit. Alles wird unscharf, weich, sanft, unleserlich. Man kann nur noch schauen. Auch die Gespräche bekommen dann ein ganz eigenes Gepräge, weil sie immer mehr in die Dunkelheit und die Stille gesprochen werden, man sein Gegenüber irgendwann nur noch körperlich neben sich wahrnehmen und nicht mehr sehen kann. Daraus entsteht eine Innigkeit, die nur zu wenigen anderen Tageszeiten möglich ist.

Als ich neulich zur dieser Stunde zu Hause war und mit meinem Bruder am Tisch saß, sprang er gleich auf und machte

Licht. »Ich kann Zwielicht nicht ausstehen«, sagte er beinahe entschuldigend. Vielleicht hatte er auf meinem Gesicht gelesen, dass ich so gar nicht seiner Meinung war. Es gibt jedoch viele Menschen, die diese Art von Licht nicht mögen. Und sicher ist das Wort »zwielichtig« nicht grundlos negativ besetzt. Die Dinge verlieren ihre Eindeutigkeit, ihre scharfen Umrisse, ihre Farbe. Jemand, der in ein paar Metern Entfernung steht, kann man nicht mehr eindeutig identifizieren, weil sein Gesicht nur noch schemenhaft erkennbar ist. Daher wird jemand, der »zwielichtig« ist, diese Zeit nutzen, um unerkannt das zu tun, was er bei Licht nicht tun würde – oder bei dem er sich zumindest am Tag nicht erwischen lassen wollte. Zwielicht vergrößert und verlängert die Schatten – die anderer Menschen und Dinge, aber auch die eigenen Schatten, die dann näher rücken und mächtiger scheinen. Und natürlich ist es tatsächlich so, dass man nichts mehr lesen kann und es mit einigen alltäglichen Tätigkeiten ohne elektrisches Licht jetzt schwierig wird: schreiben, Kartoffeln schälen, staubsaugen, sticken, nähen, Rasen mähen, den Hof kehren, Rosen schneiden …

Für die Menschen früherer Zeiten war daher die Blaue Stunde auch weniger mit Romantik und versunkenem Betrachten der dunkler werdenden Welt verbunden als vielmehr mit dem Ende ihres Arbeitstages, das in den Wintermonaten häufig zu früh und in den Sommermonaten häufig zu spät kam. Denn im Winter bekamen sie die Arbeit kaum in den wenigen Stunden mit Licht getan, in den Sommermonaten hieß es dagegen, bis um zehn auf dem Feld, im Garten oder im Haus zu schuften, um dann wieder »mit den Hühnern« in der Dämmerung aufzustehen.

Mit der Industrialisierung und der Elektrifizierung auf den Dörfern änderte sich das grundlegend. In vielen Fabriken wurde nun in Schichten rund um die Uhr gearbeitet, in den Dörfern konnte man zumindest die Haus- und die Stallarbeit auch noch nach dem Dunkelwerden erledigen. Daraus hat sich ein Begriff entwickelt, den es so in keiner anderen Sprache gibt und der etwas ins Wort bringt, das diese ganz besondere Stunde kennzeichnet, gerade dann, wenn sie das Ende des Arbeitstages markiert: der Feierabend. Eigentlich benannte das Wort im Mittelhochdeutschen noch den Vorabend eines Feiertages. Mit der Zeit änderte sich die Bedeutung aber dahin, dass es den Beginn der Ruhezeit am Abend bezeichnete, woran zunächst die Handwerker einen großen Anteil hatten, die irgendwann ihr Tagwerk beschlossen, das weniger abhängig von der Jahres- und Uhrzeit war. Später bezog sich der Ausdruck vor allem auf den Dienstschluss von Beamten, aber auch das Schichtende in den Fabriken.

Es fällt mir oft schwer, mir als Kind heutiger Zeit vorzustellen, was manche Umstände für Menschen früherer Zeiten bedeutet haben. Das wurde mir wieder bewusst, als mir klar machte, dass solche für mich selbstverständlichen Dinge wie Armbanduhren für die allermeisten, die vor mir gelebt haben, alles andere als selbstverständlich waren. Denn selbst wenn es schon seit dem 16. Jahrhundert Taschenuhren gab, waren solche tragbaren Zeitmesser bis ins 20. Jahrhundert ein Privileg und oft auch ein Statussymbol der Reichen. Erst mit der Armbanduhr, die deutlich günstiger war, etablierte sich diese Erfindung am Handgelenk der meisten Menschen. Zuvor waren sie meist auf die Zeitmesser angewiesen, die es in Klöstern und später an den Kirchen und Rathäusern gab. Oder sie lebten eben weiterhin nach dem Rhythmus von Tag und Nacht, jeweils entsprechend der Jahreszeit.

In den Klöstern kannte man aber seit frühester Zeit das Stundengebet, das den Tag in Arbeits-, Gebets- und Ruhezeiten einteilte. Das Glockengeläut strukturierte dann häufig ebenfalls die Tage der Menschen, die in der Umgebung wohnten.

Ich bin in einem kleinen Dorf am Rand der Eifel groß geworden. Und auch in meiner Kindheit spielte das Glockenläuten noch eine große Rolle. Es bestimmte den Alltag und die Woche, rief zum Ministrantendienst, zu Hochzeiten und Beerdigungen und anderen wichtigen Festen und Ereignissen. Das wichtigste Läuten des Tages war aber noch immer das sogenannte Angelusläuten um 18 Uhr am Abend. Früher war genau das das Signal für den Feierabend, es rief die Leute vom Feld und aus dem Stall, aus der Küche und von den Näharbeiten zum gemeinsamen Abendgebet. Danach war für alle die Zeit für Abendessen und Muße, zum Ruhen und Ausruhen. Für uns als Kinder im Dorf war es zwar nicht mehr die Zeit zum Abendgebet, aber die ultimative Stunde, um wieder zu Hause zu sein. Die meisten von uns hatten zum Spielen keine Uhr mit und vergaßen oft genug die Zeit, wenn sie im Wald verschwunden waren oder im Bach spielten. Aber wenn es am Abend läutete, nahmen wir die Beine in die Hand und schauten, dass wir mit dem letzten Glockenton zu Hause ankamen, sonst gab es mächtig Ärger. Ich habe den Satz noch immer im Ohr, wenn ich daran denke, dass wir in den Sommerferien nach dem Frühstück die Schwimmtasche packten oder schon mit einem Bein aus der Tür waren, um die Freundin abzuholen: »Beim Läuten bist du aber wieder zu Hause!« Das war oft die einzige Zeitangabe, die wir mitbekamen. Und es war bei fast allen Freunden genauso: Um sechs hatte man wieder zu Hause zu sein. Danach war »Feierabend«: Abendessen, Familienzeit, Zeit, um runterzukommen, damit wir auch schlafen konnten.

Als junge Erwachsene hörte sich für mich »Feierabend« immer irgendwie nach Gartenzwerg, Pantoffeln und Fernsehen an. Ich fand es spießig und furchtbar deutsch, weil es in mir das Bild vom grauen Beamten aufrief, der jeden Tag von neun bis fünf arbeitet, um dann den »Feierabend« mit Bier und Schnittchen vor der Glotze totzuschlagen und sich in seinem »gemütlichen« Leben zu Tode zu langweilen.

Es gibt zwar in vielen anderen Sprachen ebenfalls einen Ausdruck für diesen Moment. Aber er hat immer etwas mit dem Ende der Arbeit oder des Arbeitstages zu tun, nicht jedoch mit dem Feiern dieses Umstands. Ich finde es inzwischen ein wunderschönes Wort, weil es den Übergang von Arbeit zu Freizeit, Muße und Ausruhen so deutlich markiert – etwas, das uns heute in unserer Welt mobilen Arbeitens oft sehr schwerfällt. Es beschreibt einen Moment des Innehaltens, des Rückblicks und es würdigt den Tag, die Arbeit. Und es steckt wie in jedem Fest, und sei es noch so klein, ein Stück Lebensfreude darin. Und deshalb klingt es heute für mich nicht mehr nach Gartenzwerg und Fernsehen, sondern nach Hier-und-Jetzt und Lebensfeier.

Ich liebe es, diesen Moment zu zelebrieren. Noch lieber, wenn er tatsächlich mit der Blauen Stunde zusammenfällt. Sich etwas gönnen, ausruhen, bewusst das Tagwerk beenden und loslassen kann dabei helfen, die Arbeit nicht mit in die

Nacht und den Schlaf zu nehmen. Der Feierabend bildet dann so etwas wie die Grenze oder den Puffer zwischen beidem. Wenn ich die Arbeit bewusst beende, kann ich mich auch mit gutem Gewissen meiner Freizeit, meiner Partnerin, meinem Partner, der Familie oder Freunden zuwenden und mir Zeit für sie nehmen. Es bleibt so noch etwas vom Tag übrig, das ich genießen kann und nur mir und meinen Lieben gehört. Dann fällt es mir leichter, runterzukommen und ich kann mir erlauben, müde zu werden und mich auf den Schlaf zu freuen.

Bis ins vorletzte Jahrhundert gab es zu diesem Zweck sogar einige Feierabendbräuche. Neben dem gemeinsamen Gebet zählten dazu Feierabendgeschichten und: Musik. Ich glaube, dass gerade sie dabei helfen kann, den Abstand zur Arbeit zu bekommen, weil sie so ganz andere Sinne im Körper anspricht und vor allem unsere Seele berührt, etwas in uns zum Klingen bringt, auch emotional, und damit sozusagen einen Gegensatz zum rationalen Handeln beim Arbeiten darstellt. Im Bereich der klassischen Musik gibt es sogar ein eigenes Genre für die Abend- oder Nachtmusik: das Nocturne oder Notturno und die Serenade. Während man unter der Serenade eher ein Abendständchen unter freiem Himmel versteht, klingt das Nocturne, das oft nur für Klavier geschrieben wurde, schon eher nächtlich, getragen, leise und fängt die Stimmung der Blauen Stunde unglaublich gut ein. Im Bereich der Volkslieder finden sich ebenfalls viele Abendlieder. Eines, das heute noch wie damals an den Betten der Kinder gesungen wird und zum Abendritual vor dem Schlafengehen gehört, ist »Der Mond ist aufgegangen«. Aber man sang auch im Kreis der Familie oder der Erwachsenen gemeinsam Abendlieder, so wie wir heute in

dieser Zeit ruhige Musik hören, um uns auf die Nachtruhe ein-
zustimmen. Natürlich ist die Nacht auch heute noch in vielen
aktuellen Liedern ein Thema. Von Billy Joel gibt es sogar eines,
das »Nocturne« heißt. Für mich ist vor allem die Musik von
Ludovico Einaudi ein Klangerlebnis, das die Stimmung dieser
Stunde einfängt und meine Gedanken wie in einem Fluss mit
in den Traum nimmt.

Abendgefühl

Friedlich bekämpfen
Nacht sich und Tag.
Wie das zu dämpfen,
Wie das zu lösen vermag!

Der mich bedrückte,
Schläfst du schon, Schmerz?
Was mich beglückte,
Sage, was war's doch, mein Herz?

Freude, wie Kummer,
Fühl' ich, zerrann,
Aber den Schlummer
Führten sie leise heran.
Und im Entschweben,
Immer empor,
Kommt mir das Leben
Ganz, wie ein Schlummerlied vor.

Johann Friedrich Hebbel

Dämmrung

Dämmrung senkte sich von oben,
Schon ist alle Nähe fern;
Doch zuerst emporgehoben
Holden Lichts der Abendstern!
Alles schwankt ins Ungewisse,
Nebel schleichen in die Höh;
Schwarzvertiefte Finsternisse
Widerspiegelnd ruht der See.

Nun im östlichen Bereiche
Ahn ich Mondenglanz und -glut,
Schlanker Weiden Haargezweige
Scherzen auf der nächsten Flut.
Durch bewegter Schatten Spiele
Zittert Lunas Zauberschein,
Und durchs Auge schleicht die Kühle
Sänftigend ins Herz hinein.

Johann Wolfgang von Goethe

Mitternacht

Vergiss, vergiss, und lass uns jetzt nur dies
erleben, wie die Sterne durch geklärten
Nachthimmel dringen, wie der Mond die Gärten
voll übersteigt. Wir fühlten längst schon, wie's
spiegelnder wird im Dunkeln; wie ein Schein
entsteht, ein weißer Schatten in dem Glanz
der Dunkelheit. Nun aber lass uns ganz
hinübertreten in die Welt hinein
die monden ist.

Rainer Maria Rilke

Mitternacht, auch bekannt als »Geisterstunde« – zumindest war das bei mir so, und ich hatte als Kind eine ziemliche Angst vor dieser Zeit. Vor allem dann, wenn ich zum Einschlafen irgendwelche Gruselgeschichten gelesen oder geschaut hatte und entweder nicht schlafen konnte oder um kurz vor Mitternacht wieder wach lag. Dann wünschte ich mir nichts mehr als den Glockenschlag um eins, denn der landläufigen Meinung nach war damit der Spuk wieder vorbei und die Monster gingen – ja, was? Schlafen? Wahrscheinlich taten sie eher das, was Monster eben sonst so die liebe lange Nacht machen ...

Ich vermute, dass dieses Ammenmärchen über die Geisterstunde eher jüngeren Datums ist, denn dass man nachts die Uhren schlagen hört oder gar selbst eine auf dem Nachttisch stehen oder ums Handgelenk gebunden hat, ist noch nicht so sehr lange eine Selbstverständlichkeit. Die Nacht dauerte einfach so lange, bis es wieder hell wurde. Punkt.

Die ersten, die den Tag in 24 Stunden einteilten und ihm damit sommers wie winters die gleiche Struktur gaben, unabhängig von der Dunkelheit, waren die Klöster. Das hatte seinen Grund darin, dass man jedem Tag die gleiche Ordnung geben wollte und sich diese Ordnung durch das Einhalten der Regel auf die Gemeinschaft übertrug. Orientierungspunkt dafür war das Stundengebet, das sich auf den biblischen Vers »Sieben Mal am Tag singe ich dein Lob« bezog und somit sieben Gebetszeiten für den Tag kannte. Zunächst waren diese Gebetszeiten nur für die ungefähren Tageszeiten festgesetzt, das heißt: Es gab als Vigilien, also nächtliche Gebetszeiten, die Matutin und Laudes, dann die Prim als erste am Tag, folgend die Terz am Vormittag, die Sext zur Mittagszeit, die Non am Nachmittag, die Vesper vor dem Abendessen und die Komplet am Abend vor dem Schlafengehen. Damit alle rechtzeitig zum Gebet in der Kirche versammelt waren, läutete jeweils die Glocke – und so wussten zumindest die Menschen, die in der Umgebung wohnten, ebenfalls ungefähr, welche Zeit es gerade war. Unter Benedikt von Nursia, dem Gründervater des modernen Mönchtums in Europa, teilte man zum ersten Mal den Tag in seine 24 Stunden ein und nahm ihn auch als solchen wahr, das heißt: Man verstand es so, dass der Tag um 0 Uhr neu begann und um 24 Uhr endete. Bis dahin war es dann neuer Tag gewesen, wenn es hell wurde – im Sommer wie im Winter.

Noch unter Benedikt fanden die Gebetszeiten nicht immer zu einer festen Uhrzeit statt, sondern verschoben sich etwas nach vorne oder hinten, je nach Jahreszeit. Im Winter gingen auch die Mönche früher schlafen als im Sommer, im Sommer arbeiteten auch die Mönche länger auf dem Feld oder im Garten oder im Handwerk, weil es dann noch lange Licht und viel zu tun gab. Später wurden die Gebetszeiten an Uhrzeiten geknüpft, die aber heute noch immer von Kloster zu Kloster etwas variieren. Zudem wurden die nächtlichen Gebetzeiten in den meisten Orden gestrichen oder mit der ersten Gebetszeit am Morgen zusammengelegt – die modernen Mönche arbeiten häufig wie alle anderen Menschen ganz normal in ihren Berufen und müssen für ihren Arbeitstag ausgeschlafen und hellwach sein. Eine Gebetszeit, die den Tiefschlaf unterbricht, finden daher die meisten Klöster unzumutbar.

Dennoch sind die Vigilien sehr lange Teil einer alten Tradition gewesen, die gerade mitten in der Nacht die Zeit erkennt, in der der Mensch Gott am nächsten sein kann. Vielleicht auch, weil es ein Zustand zwischen wachen und schlafen ist, in dem nicht die Vernunft und das logische Denken regieren, sondern eher das Gefühl, die Tiefenschichten unserer Seele, die im

Schlaf oder Traum in den Vordergrund treten. In dieser Zeit sind wir eher offen für den Geist, durchlässig für den »Spiritus«, das Spirituelle, das »Mehr« zwischen Himmel und Erde, das über uns hinausgeht und das wir sonst oft mit unserem Kopf wegrationalisieren.

In den Klöstern wurde daher in Fastenzeiten und bei anderen Askeseübungen Schlafentzug ganz bewusst als spirituelles Werkzeug eingesetzt. Böse gesagt beschleicht einen bei manchem Bericht eines oder einer Heiligen über seine oder ihre Visionen manchmal der Eindruck, dass es nicht immer Gott war, der da zu ihnen gesprochen hat, sondern einfach nur ein Traum war, in den sie vor lauter Beten und Wachen gefallen waren. Aber auch Träume können ein Ort der Gottesbegegnung oder Gotteserkenntnis sein.

Aber nicht nur die Mönche übten diese mitternächtlichen Gebetszeiten, sondern häufig ebenso die »normalen« Gläubigen, zumindest vor großen Festtagen. Spannend ist, dass es so viele Feste im Kirchenjahr gibt, die eigentlich die Nacht feiern, nicht den Tag an sich. Gerade bei den wichtigsten katholischen Feiertagen spielen diese Feiern der Nacht inzwischen sogar eine größere Rolle als die Hochfeste selbst. Das lässt sich aus der Tradition heraus erklären, denn mit der Zeit ging man im Christentum dazu über, wichtige Fest- oder Gedenktage nicht nur am festgelegten Termin zu feiern, sondern sich darauf spirituell intensiv vorzubereiten. Man versammelte sich also am Vorabend der Feste und verbrachte die Nacht mit Beten und Anbetung und Singen, um dann am nächsten Morgen so vorbereitet und eingestimmt das Hochamt, die Heilige Messe, zu feiern. Diese Vorbereitungszeit nannte man ebenfalls Vigilien – Nachtwachen. Mit der Zeit verselbstständigten sie sich zu eigenen Feiern und erhielten einen Platz im Kirchenjahr. Heiligabend ist zum Beispiel eine solche ehemalige Vigilfeier, was manchmal noch daran erkennbar ist, dass die sogenannte Weihnachtsmette um 22 Uhr oder eben um Mitternacht stattfindet. Inzwischen ist zumindest in Deutschland der Heiligabend der wichtigste Tag des Weihnachtsfestes, die beiden Weihnachtsfeiertage sind für viele so etwas wie ein Ausklang dazu. Ähnlich ist es an Ostern, zumindest was den Gottesdienst angeht: Viele besuchen eher die Osternachtsfeier als das Hochamt zum Ostersonntag. Das liegt ganz sicher daran, dass in der Osternacht das Geheimnisvolle, ja auch das Wunderbare, das an diesem Fest im Zentrum steht – die Auferstehung – in der Nacht oder am Rand der Nacht und mit dem Sonnenaufgang viel spürbarer und »sinnlich« erlebbarer wird, als wenn man die Erzählung vom leeren Grab am hellsten Tag hört. Und genau darin ist wohl auch der Grund zu suchen, weshalb so viele Feste »über Nacht« gefeiert werden, warum die Nacht unbedingt dazugehört oder besonders geeignet ist, diese besonderen Feste zu begehen.

Es gab noch andere, die die Nächte durchwachten, wenn auch aus anderen Gründen: Menschen, die bei ihren Kranken blieben, die »die Nacht überstehen« mussten. Tatsächlich ist es so, dass das Fieber in den meisten Fällen am Abend und in der Nacht am schlimmsten ist und gegen morgen fällt – wenn der Kranke auf dem Weg der Besserung ist. Vielleicht war für manche von denen, die am Bett eines lieben Menschen saßen, die Stunde um Mitternacht deshalb so schrecklich, weil sie Geräusche hörten, die sie normalerweise verschliefen: das

Rascheln und Knacken vor dem Fenster, wenn Füchse und andere Nachtjäger durch das Unterholz schlichen. Und manche Nachtvögel können einen wirklich das Fürchten lehren, wie ich selbst schon am eigenen Leib erfahren habe: Junge Schleiereulen geben einen Ton von sich, dagegen sind die Dementoren aus »Harry Potter« Kinderspielzeug. Jedenfalls haben sich mir alle Haare aufgestellt und an Einschlafen war nicht mehr zu denken.

Eine andere Idee: Wenn wirklich viele Menschen in zwei »Portionen« schliefen und dazwischen eine Zeit lang um Mitternacht herum wach waren, »geisterten« einige sicher mehr schlafend als wach durchs Haus. Oder erschreckten ihre Mitbewohner, weil sie plötzlich am Kamin saßen, mit Nachtmütze und zerknitterten Gesichtern. Ich kann mir vorstellen, dass das bei einigen Menschen zu der Vorstellung von Untoten und anderen Gruselgestalten führte ...

Wahrscheinlich ist die »Geisterstunde« aber doch auf eine sehr viel ältere Erfahrung zurückzuführen, dass die Nacht voller eingebildeter oder tatsächlicher Schatten und Wesen war, die einem am Tag vielleicht nichts ausgemacht hätten. In der Dunkelheit konnte man sie aber nicht erkennen und nicht zuordnen und daher jagten sie einem einfach große Angst ein. Man denke nur daran, für was man selbst nachts ein Kleidungsstück, das über den Stuhl geworfen dalag oder am Haken hing, schon alles gehalten hat. Wenn dann die Dämmerung kam, war aller Spuk vorbei und man musste über sich selbst lachen. Hierher gehören wahrscheinlich auch die Vorstellungen von Vampiren, die nachts ihr Unwesen treiben, aber mit dem ersten Sonnenstrahl zu Staub zerfallen.

Um Mitternacht

Bedächtig stieg die Nacht ans Land,
Lehnt träumend an der Berge Wand;
Ihr Auge sieht die goldne Waage nun
Der Zeit in gleichen Schalen stille ruhn.
Und kecker rauschen die Quellen hervor,
Sie singen der Mutter, der Nacht, ins Ohr
Vom Tage,
Vom heute gewesenen Tage.

Das uralt alte Schlummerlied
Sie achtet's nicht, sie ist es müd';
Ihr klingt des Himmels Bläue süßer noch,
Der flücht'gen Stunden gleichgeschwungnes Joch.
Doch immer behalten die Quellen das Wort,
Es singen die Wasser im Schlafe noch fort
Vom Tage,
Vom heute gewesenen Tage.

Eduard Mörike

Leuchtender Morgen

Wenn unsere Tage verdunkelt sind und unsere Nächte finsterer als tausend Mitternächte, so wollen wir stets daran denken, dass es in der Welt eine große, segnende Kraft gibt, die Gott heißt. Gott kann Wege aus der Ausweglosigkeit weisen. Er will das dunkle Gestern in ein helles Morgen verwandeln – zuletzt in den leuchtenden Morgen der Ewigkeit.

Martin Luther King

Nachtgebet

Wache du, Herr
mit denen, die wachen
oder weinen in dieser Nacht.
Hüte deine Kranken,
lass deine Müden ruhen,
segne deine Sterbenden,
tröste deine Leidenden,
erbarme dich deiner Betrübten
und sei mit deinen Fröhlichen.

Augustinus Aurelius

Finsterstunde

Ich schrecke aus einem Albtraum, kann mich erst einmal nicht bewegen, die Nackenhaare stehen mir zu Berge und ich versuche nur zu atmen. Um mich herum tiefste Dunkelheit, es ist so still, dass ich das Gefühl habe, taub zu sein. Die Starre lässt nach, aber ich liege noch immer mit heftigem Herzklopfen da und frage mich, wie spät es wohl ist in dieser absoluten Finsternis. Da beginnt ein einzelner Vogel zu singen und mein ganzer Körper atmet erleichtert aus. Jetzt weiß ich, dass es die Stunde vor der Dämmerung ist, gleich wird im Osten ein erster Schein auftauchen, die Nacht zu Ende sein. Ich bleibe noch eine Weile liegen, denke an die Gefährten im »Herrn der Ringe«, die so oft in dieser Stunde Wache schieben oder sich in ihren zu dünnen Mänteln unter einer Baumwurzel zusammenkauern oder auf den Beginn der Schlacht warten, das Herz voller Angst und Bange. Dann wird es wirklich langsam heller und die Konturen der Möbel werden sichtbar. Erleichtert drehe ich mich um und gleite wieder in den Schlaf.

Wie vielen Menschen muss es vor noch gar nicht allzu langer Zeit ähnlich gegangen sein! »Es wird gesagt, dass die dunkelste Stunde der Nacht kurz vor der Morgendämmerung kommt«, meinte der englische Historiker Thomas Fuller. Und nicht nur die dunkelste, sondern auch die kälteste – und die unglücklichste. Denn in der Stunde zwischen vier und fünf Uhr am Morgen ist der Serotoninspiegel sehr niedrig in unserem Körper, die Produktion dieses »Glückshormons«, wie es im Volksmund heißt, kommt mit dem Tief- und dem REM-Schlaf sozusagen zum Stillstand. Und das sollten wir ja auch eigentlich um diese Uhrzeit: tief schlafen. Gerade Menschen ab vierzig kennen diese Stunden jedoch gut und wissen, warum sie »Morgengrauen« heißen: Man wacht auf und sofort beginnt sich das Kopfkarussell zu drehen. Die Sorgen, die einem am Abend noch irgendwie händelbar erschienen, wachsen jetzt zu schier unüberwindbaren Gedankengebirgen auf und an Schlaf ist nicht mehr zu denken. Dann dehnt sich die Zeit, diese Stunde vor Sonnenaufgang scheint in ihrer Kälte und Dunkelheit und der Angst, mit der sie uns die Kehle und das Herz zuschnürt, nicht enden zu wollen. »Mehr als den Morgen die Wächter ersehnt meine Seele den Herrn«, heißt es in Psalm 130, und auch heute kann ich gut nachvollziehen, wie sehr der Beter die Ankunft des Herrn erwartet haben muss. Der Psalm beginnt daher auch nicht von ungefähr mit den Worten: »Aus der Tiefe rufe ich, Herr, zu dir.«

Die »dunkelste Stunde« wird daher zudem häufig im übertragenen Sinn gebraucht, wenn eine Situation oder ein Schicksal besonders schwer zu ertragen oder aussichtslos erscheint. Viele Menschen, die an Depression, der »dunklen Nacht der Seele«, leiden, kennen das aus eigener Erfahrung: Manche Stunden empfinden sie als so dunkel, dass sie keinen Ausweg mehr finden können. Und das gilt sicher ebenfalls für jene, die am Krankenbett ihrer Lieben sitzen, oder andere, die einsam sind oder ihren Liebsten vermissen oder aus anderen Gründen von denen getrennt sind, die ihnen am Herzen liegen.

Wiederum in der christlichen Tradition gibt es einen alten Hymnus, der diese Erfahrung auf dem Hintergrund des Morgens, der dann nicht mehr fern ist, in Hoffnung verwandelt: »Die Mitte der Nacht ist der Anfang des Tages, die Mitte der

Not ist der Anfang des Lichts.« Sicherlich ist hier mit der »Mitte der Nacht« nicht Mitternacht gemeint, sondern eben jene Stunde, in der die Nacht am tiefsten ist – und die Dämmerung kurz bevorsteht, auch wenn man sie noch nicht sehen kann. Aber – und das ist die Hoffnung für alle, die in diesen Stunden leiden und Angst haben – selbst wenn wir die Dämmerung noch nicht wahrnehmen können: Sie kommt. Es wird heller werden, so sicher, wie jeden Morgen die Sonne aufgeht und die Nacht ein Ende findet. Und vielleicht ist auch genau deshalb das die Stunde, in der Maria aus Magdala zum Grab Jesu kommt – und ihn nicht mehr findet, weil er auferstanden ist (Joh 20,1–18).

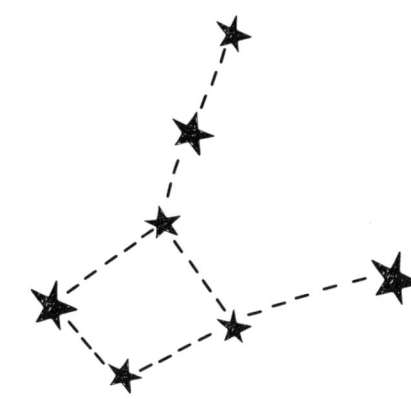

Aus der Tiefe

Aus der Tiefe rufe ich, Herr, zu dir,
höre, o Herr, meine Stimme!
Lass deine Ohren achten
auf mein lautes Flehn!
Wolltest du, Herr, die Sünden beachten,
Herr, wer könnte bestehn?
Doch bei dir ist Vergebung,
dass man in Ehrfurcht dir diene.

Ich hoffe auf den Herrn, es hofft meine Seele,
ich harre auf sein Wort.
Mehr als den Morgen die Wächter
ersehnt meine Seele den Herrn.
Mehr als den Morgen die Wächter
erwarte Israel den Herrn!
Denn beim Herrn ist die Liebe
bei ihm ist Erlösung in Fülle.

Psalm 130

Wann wird die Nacht enden?

Herr, lasse genug sein.
Wann wird die Nacht enden
und der lichte Tag aufgehn?
Zeig mir Dein Antlitz,
je mehr mir alles andere entschwindet.
Lasse mich den Atem der Ewigkeit verspüren,
nun, da mir aufhört die Zeit.

Michelangelo

Am Rand der Nacht: Dämmerung

Mit zunehmender Dämmerung wird zumindest im Frühling und Frühsommer das Vogelkonzert immer lauter. Das Eulengekreische weicht dem Nachtigallengesang – obwohl es meistens »gewöhnlichere« Vögel wie Gartenrotschwanz und Amsel sind, die uns dann zu Ohren kommen. Mit ihrem Gesang erwacht die Welt sozusagen aus ihrer tödlichen Stille und das Leben hörbar neu.

Dennoch ist es oft noch eine sehr stille Zeit, selbst in den Städten sind die Geräusche der Zivilisation – abfahrende Busse, Autohupen, Gerede auf der Straße, Müll- und Reinigungsfahrzeuge – nur vereinzelt hörbar. Im Kloster läutet die Glocke zum ersten Gebet (im Winter schon zum zweiten), aber auch zu Hause sind die »frühen Vögel« bereits auf und nutzen die Stunde zur Meditation. Jedenfalls gibt es viele Menschen, die den »Sonnengruß« und andere Übungen der Konzentration oder des Gebets als ihre »Morgenroutine« installiert haben.

Die Laudes als erste Gebetszeit des Tages im Kloster heißt übersetzt »Lobgesänge« und ist als Dank an Gott gedacht, dass man als Beter einen weiteren Tag in seinem Leben geschenkt bekommt und dass Gott einen in der Nacht so gut bewahrt hat. So werden auch die Menschen denken, die krank sind oder am Bett eines Kranken gesessen haben, dem es nun am Morgen (endlich) besser geht.

In früheren Zeiten ging mit der Dämmerung die Nachtwache zu Ende, im »umgekehrten Zwielicht« wurden die Dinge wieder scharf in ihren Umrissen, bekamen Konturen, Eindeutigkeit. Die Wächter wurden abgelöst und durften sich schlafen legen. Ab jetzt brauchte man keine Angst mehr vor Feinden zu haben, die sich in der Dunkelheit genähert hatten. Die Sinne mussten nicht mehr so geschärft sein, weil man nicht mehr allein auf das Hören angewiesen war, sondern die Dinge kommen sah. Vielleicht waren die Wächter auch entlastet, weil sie nicht mehr der oder die Einzige waren, die wachten. Selbst heute noch werden Menschen, die Nachtwache halten – in Hospizen und Krankenhäusern, Pflegeeinrichtungen, Hotelrezeptionen, im Objektschutz – aus den gleichen Gründen die »Morgenröte« herbeisehnen.

Gerade im spirituellen Bereich ist die »Morgenröte« auch als Symbol oder Metapher zu verstehen. Gemeint ist die Zeit des (spirituellen) Erwachens, des wirklichen Erkennens der Wahrheit. In der Benediktsregel heißt es im Prolog (8f.): »Stehen wir also endlich einmal auf! Die Schrift rüttelt uns wach und ruft: ›Die Stunde ist da, vom Schlaf aufzustehen.‹ Öffnen wir unsere Augen dem göttlichen Licht und hören wir mit aufgeschrecktem Ohr, wozu uns die Stimme Gottes täglich mahnt und aufruft ...« Dieses spirituelle Erwachen ist in anderen Religionen, gerade in den östlichen, ebenfalls ein wesentlicher Aspekt in der Meditation und daher diese frühe Zeit des Tages bei Gläubigen häufig beliebt. Manchmal haben die Dämmerung, der heller werdende Himmel und schließlich der Sonnenaufgang eine geradezu mystische Atmosphäre. Das Licht, das die Dunkelheit, die Schwere, die Angst vertreibt, die Sonne, die immer von Neuem aufgeht und ewig scheint – all das sind Bilder, die in allen Religionen in der einen oder anderen Weise für das Göttliche gebraucht werden. Viele fühlen sich aus diesem Grund in den frühen Morgenstunden Gott sehr nah, weil sie sein Wirken sozusagen in der Natur mitvollziehen können.

Die Bibel hat zudem, wie ich finde, wunderschöne, unglaublich poetische Bilder für diese Zeit der Dämmerung und ihre ganz besondere Atmosphäre. Da heißt es: »Nähme ich die Flügel der Morgenröte, ließe ich mich nieder am Ende des Meeres« (Psalm 139,9) und im Buch Hiob: »Seine Augen sind wie die Wimpern der Morgenröte« (Hiob 41,10, auch wenn es hier um ein ziemlich schauriges Wesen geht).

Ich habe immer das Gefühl: Um diese Zeit liegt der Tag wie ein leeres weißes Blatt vor mir, jeder einzelne ist ein Neubeginn, eine neue Chance und birgt eine Menge Möglichkeiten, es besser oder zumindest anders zu machen als gestern, als in den letzten Jahren, als bisher. Ich kann dem Licht beim Wachwerden zusehen, mir mit dem Tag zusammen den Schlaf aus den Augen reiben. Wenn ich nach draußen gehe, fühlt sich die Luft so frischgewaschen an wie meine Haut. Der erste Kaffee vertreibt die letzten schweren Gedanken der Nacht, der Sonnenaufgang ist tatsächlich wie eine kleine Auferstehung: meines Mutes, meiner Hoffnung, dass es ein guter Tag werden wird und ich schaffen kann, was anliegt.

Dieser Tag

Sieh diesen Tag!
Denn er ist Leben, ja das Leben selbst.
In seinem kurzen Lauf
Liegt alle Wahrheit, alles Wesen deines Seins:

Die Seligkeit zu wachsen,
Die Freude zu handeln,
Die Pracht der Schönheit,
Denn gestern ist nur noch ein Traum,
Und morgen ist nur ein Bild der Fantasie,
Doch heute, richtig gelebt, verwandelt jedes Gestern
In einen glückseligen Traum
Und jedes Morgen in ein Bild der Hoffnung.
So sieh denn diesen Tag genau!
Das ist der Gruß der Morgendämmerung.

Kalidasa

Konzentrationsübung

Wenn ich ganz still bin
kann ich von meinem bett aus
das meer rauschen hören
es genügt aber nicht ganz still zu sein
ich muss auch meine gedanken vom land abziehen

Es genügt nicht die gedanken vom festland abzuziehen
ich muss auch das atmen dem meer anpassen
weil ich beim einatmen weniger höre

Es genügt nicht den atem dem meer anzupassen
ich muss auch händen und füßen die ungeduld nehmen

Es genügt nicht hände und füße zu besänftigen
ich muss auch die bilder von mir weggeben

Es genügt nicht die bilder wegzugeben
ich muss auch das müssen lassen

Es genügt nicht das müssen zu lassen
solange ich das ich nicht verlasse

Es genügt nicht das ich zu lassen
ich lerne das fallen

Es genügt nicht zu fallen
aber während ich falle
und mir entsinke
höre ich auf das meer zu suchen
weil das meer nun
von der küste heraufgekommen
in mein zimmer getreten
um mich ist

Wenn ich ganz still bin

Dorothee Sölle

Heilige Nächte

Im Kirchenjahr finden sich einige Feste, bei denen die Nacht im Zentrum der Feier steht – nicht zuletzt ist das bei den beiden wichtigsten des christlichen Kalenders der Fall: Ostern und Weihnachten.

Im Folgenden habe ich daher nicht nur die Feste und die dazugehörigen Bräuche und Traditionen beschrieben, sondern auch versucht aufzuzeigen, warum die Nacht dabei eine so wichtige Rolle spielt. Am Ende jedes Abschnitts finden sich zudem einige Ideen, wie man diese Feste heute allein oder in der Familie feiern kann.

Weihnachten

24.12.

Hier steckt die Nacht schon im Wort selbst. Und wenn es um heilige oder sogar heiligste Nächte geht, steht der Heiligabend ganz vorne im Kirchenjahr. Auf katholisch.de und dort unter dem Begriff »Lexikon« findet man dazu die Definition: »Lat. *nox sacratissima* = ›heiligste Nacht‹; Bezeichnung für zwei Nächte im kirchlichen Festjahr: die Nacht von Karsamstag auf Ostern sowie – allgemein eingebürgert – die Nacht vom 24. Dezember auf Weihnachten bzw. für den ganzen 24. Dezember. Ihren Charakter haben die beiden Nächte dadurch empfangen, dass sie die Nächte sind, die Christen durchwachen sollen, um im Symbol der aufgehenden Sonne Jesus Christus zu erblicken, der als Menschgewordener bzw. Auferstandener erscheint.«

Und so war der Heiligabend eigentlich eine Vigilfeier für das Weihnachtsfest am 25.12., in der man eben die Nacht durchwachte, um sich auf das Fest durch Beten und Fasten vorzubereiten. Mit der Zeit wurden diese Vorabendveranstaltungen entweder wichtiger als das Fest selbst (zum Beispiel an Weihnachten) oder sie doppelten sie, also wurden aus einem Festtag zwei. Einige dieser »Nachtwachen« bekamen sogar einen eigenen Namen, eben die Osternacht und die Weihnachtsmette. Ursprünglich und traditionell war die Adventszeit daher eine Fastenzeit vor der »heilgsten Nacht«, wie vor Ostern. Und auch am Heiligabend wurde gefastet – vielleicht ist das ein

Grund, warum es in vielen Familien an diesem Abend »nur« Kartoffelsalat mit Würstchen gibt und kein ausuferndes Festmahl. Das ist bei den meisten immer noch dem Ersten Weihnachtstag vorbehalten, wenn man mit der gesamten Familie oder doch im größeren (Freundes-)Kreis feiert.

Für viele ist es an diesem Tag nicht mehr die Nacht, die sie feiern, weil die Christmette immer weiter vorverlegt wurde, also nicht mehr um 24 Uhr stattfindet, sondern um 22 Uhr oder 20 Uhr oder gar um 17 Uhr als Kindermette. Zudem ist es für die meisten heute keine Fast-Nacht mehr, in der gebetet wird, sondern ein Familienabend mit Geschenken und gemeinsamer Zeit. Inzwischen gibt es in vielen Städten zudem Angebote für Jugendliche und Menschen, die allein leben oder Weihnachten nicht begehen möchten, diese Nacht trotzdem gemeinsam zu verbringen, allerdings mit eher »profanem« Feiern und Tanzen – was aber der ursprünglichen Idee von Weihnachten, nämlich die Freude darüber, dass Gott Mensch geworden ist, nicht unbedingt weniger entspricht als das Fasten und Beten. Damals haben die Engel sich an die Hirten, die bei ihren Tieren Wache hielten, gewandt mit ihrer »frohen Botschaft«. Das waren auch nicht unbedingt die wirklich Gläubigen, die streng nach den jüdischen Vorschriften lebten, noch waren sie die religiösen Führer in der damaligen Gesellschaft, sondern eher eine Gruppe von armen Menschen, die gesellschaftlich am Rand stand. Aber sie hielten Nachtwache und machten sich gleich auf, um das Kind zu sehen. In der Bibel findet man die ganze Geschichte im Lukasevangelium (Lk 2,1–20). Spannend ist, dass nur durch den Hinweis auf die Nachtwache der Hirten die ganze Erzählung als am Abend oder in der Nacht stattfindend gedeutet wird. In keinem anderen Satz wird die Tageszeit des Ereignisses erwähnt.

Sicher gibt es rund um diese Heilige Nacht oder DIE Heilige Nacht heute unglaublich viel Kitsch – als Deko und Weihnachtsschmuck, in Texten und Gedichten, in Weihnachtsliedern und Weihnachtsfilmen. Und dennoch bleibt es eine Nacht der Wunder und der Lichter, der Hoffnung und der Zuversicht.

Und: eine Nacht der Erinnerungen. Nicht jeder hatte eine gute Kindheit und es gibt sicher auch viele Menschen, die schreckliche Weihnachtserinnerungen haben. Aber obwohl gerade die Generation unserer Eltern in der Nachkriegszeit alles andere als romantische Weihnachten gefeiert hat – in zerbombten Städten, in denen es nichts zu essen gab und der Winter kalt war –, erzählen gerade sie immer wieder vom Weihnachten ihrer Kindertage. Die meisten waren sich der Armut nicht bewusst, es war normaler Alltag in dieser Zeit. Aber das Besondere, die winzigen Geschenke – etwas Schokolade,

eine Mandarine, Nüsse, ein selbstgenähtes Kuscheltier oder eine Puppe aus Stoffresten – sind ihnen bis heute als etwas so Wunderbares in Erinnerung geblieben, als hätten sie damals alle Reichtümer der Erde geerbt. Und selbst jene, die heute sehr alt sind und bei denen das Gedächtnis nachlässt: Den Zauber dieser Nacht können sie alle noch spüren, er leuchtet auch heute in ihren Augen, wenn sie davon erzählen.

Selbst wenn ich in einer anderen, viel einfacheren Zeit und ohne Armut aufgewachsen bin, habe auch ich die Weihnachten meiner Kindheit und diese ganz besondere Atmosphäre von Heiligabend nicht vergessen. Neben den verheißungsvollen Geheimnissen, die unsere Eltern vor uns hatten, den Vorbereitungen mit Moossammeln für die Krippe und Weihnachtszimmerabschließen, dem Nicht-erwarten-Können der Bescherung, der Spannung, der Überraschung und den Geschenken ist mir vor allem ein Ritual im Gedächtnis geblieben, das wir noch immer an Heiligabend zusammen praktizieren. Damals sind wir nach der Kindermette mit meiner Mutter zu Fuß zum Friedhof gelaufen, während mein Vater nach Hause fuhr, die Lichter am Baum anmachte und den Rest für die Bescherung richtete. Auf dem Weg dorthin haben wir in die erleuchteten Fenster der Menschen geschaut und die Weihnachtsbäume gezählt, an denen schon die Lichter brannten. Wir haben von außen beobachtet, wie andere Menschen die letzten Vorbereitungen für den Abend trafen oder bereits gemeinsam am Tisch saßen, unterm Baum sangen, Geschenke auspackten. Das hat für mich die Vorfreude immer noch größer gemacht.

Auf dem Friedhof haben wir am Grab meiner Großeltern und den Gräbern aller anderen, die wir kannten und uns einmal nah waren, Lichter angezündet. Und das hatten fast alle im Dorf ebenfalls getan, sodass der Friedhof einem Lichtermeer glich. In einem Jahr hatte es an diesem Tag tatsächlich heftig geschneit, sodass auf allen Grablampen weiße Hütchen saßen, die von den Lichtern angestrahlt wurden. Auf die Schneedecke, die über die Landschaft und die Gräber gebreitet war, fielen in meinem Gefühl tausende Lichttupfen. Mir hat es gutgetan, zu wissen, dass die Toten an diesem Tag nicht vergessen sind und dass sie Licht haben in dieser dunklen Zeit und in dieser Wundernacht.

Auf dem Heimweg haben wir weiter Lichter und brennende Christbäume gezählt. Das hat uns nicht nur von der Aufregung abgelenkt, es war auch ein unglaublich warmes Gefühl im Bauch, dass die Nacht so hell war, dass so viele diese Nacht so hell machten und in diesem Sinn gemeinsam Weihnachten feierten, weil uns die Lichter miteinander verbunden haben – die Lebenden und die Toten, die Familien, die Menschen im Dorf.

Gerade nach der Wintersonnenwende, nach der längsten Nacht des Jahres, ist Weihnachten im wahrsten Sinn ein Lichtblick: So viele Lichter, die angezündet werden – von Adventskranz bis Weihnachtsbaum, vom Licht auf dem Friedhof bis zu den vielen Lichterketten und Laternen vor und in den Häusern. Es geht darum, die Nacht zu erhellen, die Hoffnung und die Kraft der Hoffnung zu feiern. Und auch das Wunder dieser Nacht: dass Gott Mensch geworden ist, einer von uns, dass wir Gott also in jedem Menschen finden können, ihn im anderen sehen – so wie in uns selbst.

Was in dieser Nacht in Betlehem geschehen ist, dazu gibt es inzwischen unzählige Krippengeschichten, gerade für Kinder, mit immer größer werdendem Personal, vom Schäfchen über Hirten und Spinnen, Katzen und Hunde und wer noch so alles an der Krippe stand. Aber die Botschaft dieser Nacht – »Fürchtete euch nicht«, »Gott ist Mensch geworden«, »Siehe, ich verkündige euch eine große Freude!« – steckt in all diesen manchmal ein bisschen abseitigen Geschichten. Und wahrscheinlich ist es genau das, was Menschen auch heute noch spüren und warum diese Nacht für so viele noch immer eine ganz besondere Nacht ist. Vielleicht gefällt mir auch deshalb das Gedicht »Es gibt so wunderweiße Nächte« von Rainer Maria Rilke so gut, in dem von einem »kapellenlosen Glauben« die Rede ist – eine Freude, eine Hoffnung, die keine Vigilien und nicht unbedingt eine Kirche braucht, sondern sich im Zwischenmenschlichen ereignet. Wo die Botschaft dieser Nacht Wirklichkeit wird, ist jeden Tag Weihnachten.

Ideen für Weihnachten

Vielleicht haben Sie Lust, mit Ihren Kindern oder Ihrem Partner, Ihrer Partnerin an Heiligabend nach Einbruch der Dunkelheit einen »Lichterspaziergang« durch ihr Wohngebiet oder Dorf zu machen und die brennenden Tannenbäume, Laternen und Lichterketten zu zählen? Zu Hause können Sie für jedes gezählte Licht ein Teelicht entzünden und zu einem Herz zusammenstellen (Vorsicht! Die Lichter nicht zu nah aneinanderstellen und das Ganze am besten draußen umsetzen).

Heute liegen viele Verstorbene nicht mehr auf dem Friedhof, sodass man sie am Weihnachtsabend nur schwer besuchen und ihnen ein Licht anzündet kann. Sie können aber zu Hause, vielleicht neben der Krippe auf einem kleinen Tischchen oder auf dem Kaminsims so etwas wie eine Erinnerungsecke einrichten für die, die Sie an diesem Abend vermissen, mit denen Sie gerne feiern würden oder an die Sie einfach denken müssen, weil sie eine schwere Zeit durchleben. Stellen Sie Fotos von all diesen Menschen auf und für jeden eine Kerze dazu. Sie können auch ein Segensgebet, eine Bitte oder gute Wünsche für sie oder ihn schreiben und dazustellen. Wenn es Menschen sind, die noch leben, können Sie nach Weihnachten die guten Wünsche oder den Segen in einen Briefumschlag stecken und verschicken.

Weihnachten ist ein Fest, das alle Christen auf der ganzen Welt feiern, es ist also eine Nacht, in der man sich mit so vielen anderen verbunden wissen kann, in der die Welt wenn nur für eine Nacht ein bisschen kleiner und vielleicht ein bisschen friedlicher ist. Um das für einen selbst etwas besser spürbar zu machen, kann man einmal schauen, wie man zum Beispiel bei unseren Nachbarn in Frankreich oder Polen oder Italien den Abend verbringt, welche Bräuche es gibt, welches Essen zubereitet wird. Da gibt es beispielsweise in Polen Stroh unter dem Teller oder in der Ukraine zwölf verschiedene Speisen, in Mexiko gibt es Umzüge, bei denen Figuren von Maria und Joseph durch das Dorf getragen werden wie bei ihrer Herbergssuche und vieles mehr. Sie können sich vor Weihnachten gemeinsam mit der Partnerin oder dem Partner oder den Kindern auf die Suche nach Bräuchen oder Weihnachtsrezepten aus anderen Ländern machen, die Sie dann an Heiligabend oder den Weihnachtsfeiertagen ausprobieren.

Eine Möglichkeit, sich einmal ganz bewusst auf die »Heilige Nacht« einzulassen, könnte sein, sich nach der Bescherung zusammenzusetzen, es sich auf der Couch oder auf dem Boden bequem zu machen und die Lichter bis auf die am Baum und die Kerzen zu löschen. Man kann gemeinsam Musik hören oder im Dunkeln die/eine Weihnachts- oder Nachtgeschichte erzählen oder zusammen schweigen und das Licht, die Atmosphäre, das Zusammensein genießen. Oder Sie machen gemeinsam einen Spaziergang im Dunkeln und nehmen eine Laterne oder ein anderes kleines Licht mit, das Sie am Ende vor einer Tür abstellen, wo kein Licht leuchtet.

Weihnachtsabend

Markt und Straßen stehn verlassen,
Still erleuchtet jedes Haus,
Sinnend geh ich durch die Gassen
Alles sieht so festlich aus.

An den Fenstern haben Frauen
Buntes Spielzeug fromm geschmückt,
Tausend Kindlein stehn und schauen,
Sind so wunderstill beglückt.

Und ich wandre aus den Mauern
Bis hinaus ins freie Feld,
Hehres Glänzen, heil'ges Schauern!
Wie so weit und still die Welt!

Sterne hoch die Kreise schlingen,
Aus des Schnees Einsamkeit
Steigt's wie wunderbares Singen –
O du gnadenreiche Zeit!

Joseph von Eichendorff

Es gibt so wunderweiße Nächte

Es gibt so wunderweiße Nächte,
drin alle Dinge Silber sind.
Da schimmert mancher Stern so lind,
als ob er fromme Hirten brächte
zu einem neuen Jesuskind.

Weit wie mit dichtem Diamantstaube
bestreut, erscheinen Flur und Flut,
und in die Herzen, traumgemut,
steigt ein kapellenloser Glaube,
der leise seine Wunder tut.

Rainer Maria Rilke

Raunächte

25.12.– 06.01.

»Die besinnlichen Tage zwischen Weihnachten und Neujahr haben schon manchen um die Besinnung gebracht.«

Joachim Ringelnatz

Die Woche zwischen Weihnachten und Silvester nennen wir oft die Tage »zwischen den Jahren«, weil sie uns ein bisschen wie aus der Zeit gefallen vorkommen. Und vielleicht sind sie das auch von ihrem Ursprung her, denn legt man das Mondjahr zugrunde, das lange Zeit galt und nur 354 Tage umfasste, dann fehlen eben am Ende des Jahres elf Tage bzw. zwölf Nächte. Man fügte diese also hinzu, damit die Feste auf Dauer und gegenüber dem Sonnenjahr nicht jedes Jahr an einem anderen Tag stattfanden. Somit sind diese Tage wirklich aus der Zeit gefallen und daher hatte man wahrscheinlich das Gefühl, dass die Gesetze der »normalen Zeit« in diesen Tagen nicht gelten. Ursprünglich begannen die Raunächte mit dem 20. oder 21.12, der sogenannten Thomasnacht als der längsten Nacht des Jahres. Heute umfassen die Raunächte die Tage zwischen dem 25.12. und 6.1.

Als aus der Zeit und damit aus der Normalität gefallene Tage waren sie eine Zeit der Kobolde und Unholde, Hexen und Dämonen. In der Eifel kamen die Werwölfe, im Alpenraum die Perchten als Gruselwesen hinzu, die in dieser Zeit ihr Unwesen trieben. Man musste daher sehr auf der Hut sein und beispielsweise möglichst nicht nach Einbruch der Dunkelheit nach draußen gehen oder draußen unterwegs sein. Es gab aber auch generelle Vorschriften, zum Beispiel keine Wäsche zu waschen, insbesondere keine weiße, weil diese die »Wilde Jagd« anlockte – eine Versammlung von Geistern und Dämonen, die die Wäsche raubten und sie dann im Lauf des Jahres als Leichentuch wiederbrachten und damit den Tod eines nahen Menschen ankündigten.

Um diese Geister zu vertreiben, räucherte man Ställe und Wohnstuben aus. Auch das Böllern an Silvester hatte wohl ursprünglich den Hintergrund, mit diesem Krach die unerwünschten Wesen aus der »Anderswelt« wieder loszuwerden. Insgesamt stellte man sich vor, dass der Schleier zu dieser »Anderswelt« in diesen Tagen dünner war als sonst und dass deshalb auch Magisches und Seltsames möglich war, zum Beispiel, dass die Tiere sprechen können. Wer sie aber dabei belauschte, musste sterben. Doch nicht nur böse Geister und anderes Bedrohliches schaffte es in den Raunächten in die Welt der Menschen. Solche, die ein besonderes Gespür für die andere Seite des »Vorhangs« hatten, konnten in die Zukunft schauen und zumindest schleierhaft erkennen, was im nächsten Jahr geschehen würde.

In diesem Zusammenhang steht, dass man in den zwölf Raunächten gut auf seine Träume achten sollte, weil sie genau diesen Blick in die Zukunft ermöglichten und die Chancen aufzeigten, die das Kommende bereithält. Das gilt insbesondere für die »Wundernacht« des Dreikönigstages – und damit die letzte Nacht der Raunächte. Und: Die zwölf Tage dieser Zeit stehen sozusagen symbolisch für die folgenden zwölf Monate des kommenden Jahres. Das heißt, was sich an den jeweiligen Tagen ereignet, ist wegweisend für die jeweiligen Monate des Jahres, auch und gerade in Bezug auf das Wetter.

Manche Theorien besagen, dass die Bräuche rund um die Raunächte germanischen Ursprungs seien und mit dem Julfest zu tun hätten, das in etwa um die gleiche Zeit gefeiert wurde wie das Weihnachtsfest. Für manche Christen sind es daher »heidnische« Bräuche, die zudem noch von abergläubigen Praxen begleitet werden. Betrachtet man aber die christlichen Feste etwas genauer, sind die allermeisten im Grunde Umdeutungen oder Erweiterungen heidnischer Feste. Genau das war auch die Stärke des Christentums oder vielmehr der Grund, warum es sich von Israel, diesem winzigen Land aus, über die ganze Welt verbreiten und von einer verfolgten Minderheit zu einer Weltreligion werden konnte: Die Missionare dieser neuen Religion versuchten zumindest in den Anfängen des Christentums nicht, den Menschen etwas völlig Neues aufzuzwingen, sondern sie schafften es, den Glauben an Christus in die Religion und die Bräuche der Menschen vor Ort zu »inkulturieren«, das heißt: Sie deuteten sie um, statt sie auszumerzen. Sie gaben den Göttern einen anderen Namen und richteten das Brauchtum auf Jesus und seine Heilsgeschichte aus. Dabei blieb die christliche Religion ebenfalls nicht unverändert, denn die Erfahrungen, die den Festen und Traditionen der »heidnischen« Völker zugrunde lagen, beeinflussten die Theologie und die Tradition der Kirche. Daher sollte man sich über nicht christliche Bräuche weder lustig machen noch sie verteufeln.

Hinter all den Festen und Traditionen stecken Menschheitserfahrung, die sich immerhin bis heute gehalten haben und daher auch Relevanz besitzen. Das zeigt sich nicht zuletzt darin, dass die Raunächte wieder an Bedeutung zunehmen, nicht nur im Bereich der Esoterik (in der ihre Bedeutung nie gering war). Der Grund liegt vielleicht darin, dass sich viele wieder auf die Suche nach den Ursprüngen machen und sich diesen oder dem, was sie dafür halten, zuwenden. Sie beschäftigen sich mit dem, was den heutigen Festen zugrunde liegt, um an die Wurzeln zu kommen, auch ihrer Gefühle und ihrer eigenen Herkunft. Sie suchen in vielfacher Weise wieder die Nähe zur Natur, zu alten Bräuchen als Wiederentdeckung des Einfachen, aber auch zu menschheitsalten Erfahrungen und Emotionen.

In diesem Sinn kann man die Raunächte einfach als Zeit des Innehaltens, des Aussteigens aus dem Alltag, der Besinnung sehen, in der man sich Zeit für sich und für die eigenen

Bedürfnisse, Gedanken und Wünsche nimmt, als Zeit zum Rückblick und zum Ausblick. Wenn man sie als »aus der Zeit gefallene Tage« betrachtet, laden sie dazu ein, einmal nicht auf die Uhr zu schauen, Ungewöhnliches zuzulassen, Traumreisen zu unternehmen und auf eigene Träume und Fantasien zu hören: Was könnte ich mir an Neuem für mich vorstellen? Was wäre, wenn ...?

Das Alte würdigen und das Neue begrüßen: Auch das Räuchern, das in dieser Zeit verbreitet ist und heute wieder häufiger praktiziert wird, muss man nicht nur als Ausräuchern verstehen, sondern es kann einen Segen, ein Gebet darstellen oder einfach ein Zeichen der Dankbarkeit sein, wie es im Gottesdienst oder in einem Tempel beim Räuchern ebenfalls der Fall ist.

Ideen für die Raunächte

Legen Sie sich in den Raunächten einen Block oder ein Notizbuch und einen Stift auf den Nachttisch. Notieren Sie Ihre Träume in dieser Zeit, vor allem, wenn Sie in der Nacht aufwachen und das Geträumte noch sehr präsent ist. Nehmen Sie sich am 6. Januar, der letzten Raunacht, Zeit, ihre Träume noch einmal zu lesen und zu überlegen, was Ihr Unterbewusstsein Ihnen hier für eine Botschaft schicken möchte.

Ein Ritual für die Abende der Raunächte: Räucherwerk hat einen angenehmen Geruch und kann tatsächlich reinigend wirken – auf die Wohnräume, aber auch die eigene Seele. Suchen Sie in einem Laden in Ihrer Nähe oder im Netz nach Räucherstäbchen oder Weihrauch – Sie werden vielleicht erstaunt sein, wie groß und wie unterschiedlich das Angebot hier inzwischen ist. Wenn Sie den Geruch nicht mögen, können Sie stattdessen Holzspäne verbrennen bzw. verglühen lassen. Zirbenspäne bekommt man zum Beispiel inzwischen häufig zu kaufen, meist als Füllung für ein Kissen, das zwischen der Wäsche gut riecht und das Einschlafen fördern soll. Nehmen Sie für die Späne oder den Weihrauch eine feuerfeste Schale und für die Räucherstäbchen einen Blumentopf mit Sand darin, entzünden sie das Räucherwerk und nehmen Sie sich die Zeit, für sich selbst einige Fragen zu beantworten:

Was möchte ich loslassen, von was oder von welchen Gedanken oder Verhaltensweisen möchte ich mich befreien oder reinigen? Welche »Dämonen« möchte ich austreiben (die frühen Mönche, besser bekannt als Wüstenväter, verstanden darunter Geisteshaltungen, die uns auf Dauer krank machen)? Wofür bin ich dankbar, wofür lasse ich also Rauch aufsteigen als Gebet und Dank?

Nehmen Sie sich, wenn es dunkel wird oder jeweils kurz vor dem Schlafengehen eine halbe Stunde Zeit, zünden Sie Kerzen an und löschen Sie die übrigen Lichtquellen. Nehmen Sie in der ersten Raunacht einen Zettel und schreiben Sie auf, für was sie im letzten Jahr im Januar dankbar waren. Vielleicht nehmen Sie Ihren Kalender als Erinnerungshilfe dazu, was im Januar des vergangenen Jahres so alles passiert ist. Am Abend der zweiten Raunacht schreiben Sie auf, für was Sie im Februar des vergangenen Jahres dankbar waren usw. Notieren Sie jeweils auf einem weiteren Zettel, was Sie aus diesem zurückliegenden Monat loslassen möchten. Und schreiben Sie auf einen dritten Zettel, welche Wünsche, Ideen oder Vorhaben

Sie für den jeweiligen Monat des kommenden Jahres haben. In der letzten der Raunächte können Sie die Zettel mit dem, was Sie loslassen möchten, verbrennen. Die Zettel, auf denen Sie Dinge notiert haben, für die Sie dankbar sind, können Sie auf eine Schnur ziehen und in Ihrer Gebetsecke oder über dem Schreibtisch oder in der Küche aufhängen, wo Ihr Blick immer wieder einmal drauffällt. Die Zettel mit den Wünschen für das nächste Jahr können Sie in ein Kästchen legen und dann in den Raunächten des nächsten Jahres anschauen oder wiederentdecken – und gespannt sein, welche Ihrer Wünsche sich erfüllt, welche Ihrer Vorhaben Sie umgesetzt haben. Diese Idee kann man auch gemeinsam mit allen in der Familie umsetzen.

Manche Nacht

Wenn die Felder sich verdunkeln,
fühl' ich, wird mein Auge heller,
schon versucht ein Stern zu funkeln
und die Grillen klingen schneller,

jeder Laut wird bilderreicher,
das Gewohnte sonderbarer,
hinterm Wald der Himmel bleicher,
jeder Wipfel hebt sich klarer,

und du merkst es nicht im Schreiten,
wie das Licht verhundertfältigt
sich entringt den Dunkelheiten,
plötzlich stehst du überwältigt.

Richard Dehmel

Silvester

31.12.

Eine Kollegin von mir meinte, Silvester sei ein »Janustag«, das heißt, er hat wie der römische Gott zwei Gesichter: eines schaut nach hinten in das alte Jahr und eines nach vorn in das kommende. Die Nacht trennt die alte Zeit von der neuen, mit der Mitternacht beginnt nicht nur ein neuer Tag, sondern auch ein neues Jahr. Viele sagen zwar, dass das reine Konvention sei, dass sich mit Mitternacht nichts ändere, außer dass man eine Minute nach zwölf eben eine Minute älter sei. Für mich fühlt es sich aber immer an, als würden dann tatsächlich die Uhren auf null gestellt wie bei einer Stoppuhr und als läge das Jahr nun wie ein weißes Blatt vor mir. Nach der Wintersonnenwende, von der ab jeder Tag wieder ein bisschen länger wird, selbst wenn man das zunächst kaum wahrnimmt, ist Silvester noch ein Neuanfang, bei dem es aufwärts geht oder zumindest von Neuem beginnt: Januar, der erste Monat im Jahr, der erste Tag im Jahr. Er birgt so viele neue Chancen, die jetzt wieder vor einem liegen. Er birgt aber auch die Möglichkeit, das Alte hinter sich zu lassen, etwas abzuschließen, es gut sein zu lassen, gerade wenn es ein schweres Jahr, eine schwere Zeit war. Natürlich verschwinden Probleme nicht über diese eine Nacht, die Zeiten werden nicht leicht in diesen wenigen Minuten. Aber der Neustart des Jahres gibt mir immer wieder Hoffnung, dass es auch neu werden kann, dass nach dem Winter der Frühling kommen muss und damit einfachere Zeiten, dass neues Leben werden kann.

Zudem steht um Silvester herum immer irgendwie das Leben still. Die Tage »zwischen den Jahren« sind bei vielen Menschen geprägt von Ausruhen und Nichtstun, von Dingen, die man sich sonst oft nicht gönnt oder zugesteht: den ganzen Tag Serien schauen, zum Lesen in der Ecke sitzen, Plätzchen und Weihnachtssüßigkeiten naschen, mit den Kindern eine Carrera-, Eisen- oder Kugelbahn durchs Wohnzimmer legen, spielen, ohne auf die Uhr zu schauen, aufbleiben bis in die Puppen. Das tut unheimlich gut, doch mit Silvester bzw. dem 2. Januar steigen ebenso viele Menschen wieder voll in ihren Alltag ein – und versuchen zudem, ihre guten Vorsätze umzusetzen und sich ab jetzt wieder an alle Regeln und eigene Vorgaben zu halten. Silvester und Neujahr sind daher so etwas wie ein letztes Atemanhalten, ehe es mit Tempo wieder in den Alltag geht, ehe das neue Jahr Fahrt aufnimmt.

Die Silvesternacht ist deshalb noch immer für viele eine ganz besondere Nacht, in der oft bis in den frühen Morgen gefeiert wird. Ähnlich wie an Weihnachten kennen Familien für diesen Tag Rituale, die immer gleich sind: Bleigießen und Feuerwerk, aber vielleicht auch der Besuch des »Schluss«, des letzten Gottesdienstes im Jahr, um für das Vergangene zu danken oder zumindest darauf zurückzuschauen und Gott um seinen Segen für das neue Jahr zu bitten. Zudem gibt es bei vielen – ähnlich wie an Weihnachten – jedes Jahr das gleiche Essen, zum Beispiel Fondue oder Raclette oder noch einmal Kartoffelsalat und Würstchen.

Und ähnlich wie an Weihnachten ist es keine schöne Vorstellung, dass jemand diesen Abend und diese Nacht bzw. den Jahreswechsel um zwölf Uhr allein verbringen muss, zumindest niemand, dem diese Nacht etwas bedeutet. Daher wird häufig an Silvester – anders als an Weihnachten – nicht nur mit Familie, sondern mit Freunden gefeiert. Gerade Kinder finden diesen Tag sehr aufregend, weil sie dann so lange aufbleiben und die Nacht feiern dürfen, was sonst den Erwachsenen vorbehalten ist. Für Jugendliche ist es ebenfalls ein wichtiger Termin, weil sie nicht mehr mit der Familie, sondern mit ihren eigenen Freunden und bis in den Morgen feiern dürfen, sozusagen die ganze Nacht nutzen können.

Ich kenne jedoch auch einige Menschen, die dieser Abend immer sehr melancholisch bis traurig macht. Sie denken an all das, was vergangen ist, an die Freunde und Verwandten, die gestorben sind, an die gemeinsamen Zeiten, die so schön waren und jetzt endgültig vorbei sind. Und sie denken daran, dass sie wieder ein Jahr älter sind, ein Jahr näher an ihrem eigenen Tod. Das macht das Janusgesichtige an diesem Tag ebenfalls deutlich: Er schaut nicht nur nach hinten, was war, sondern auch auf das kürzere Ende des Lebens, das jetzt noch vor einem liegt: »Jeder Atemzug bringt dich näher zu deinem letzten« – die Textzeile eines Liedes, die einem an Silvester vielleicht deutlicher vor Augen steht als an anderen Tagen.

In früheren Zeiten gab es zu Silvester häufig festliche Bälle, die ein großes gesellschaftliches Ereignis waren, zum Teil aber auch privat in recht großem Rahmen gefeiert wurden. Man trug neue Garderobe und es war eine Frage von Einfluss, Macht und Geltung, wo und bei wem man zu einem Silvesterball eingeladen wurde. Häufig waren es zudem Maskenbälle, bei dem alle kostümiert kamen und möglichst unerkannt bleiben sollten hinter ihrer Larve. Um zwölf Uhr demaskierten sich alle und waren wieder »normale« Menschen. Vielleicht steht dieser Brauch im Zusammenhang mit den Raunächten, zu denen Silvester gehört und in denen Masken und Maskierungen ebenfalls von Bedeutung waren. Sie brachten an Silvester noch einmal zum Ausdruck, wie »magisch« diese Nacht ist, wie dünn der Schleier zur Geister- oder Anderswelt. Und: Es war für viele noch einmal eine Möglichkeit, ähnlich wie an Fastnacht ausgelassen und unerkannt zu feiern, bevor mit dem Jahresbeginn die Arbeit und der Alltag wieder von vorne begannen.

Noch immer wird an Silvester ausgelassen gefeiert, ob privat oder aber in den Innenstädten auf den großen Plätzen in einer Menschenmenge. Selbst wenn es heute so gut wie keine Maskenbälle mehr gibt, nehmen die »Mottopartys« zu, bei denen man sich ebenfalls verkleidet, aber eben passend zu einem bestimmten Thema. Es ist tatsächlich ein bisschen wie im Karneval, dass man an diesem Tag für ein paar Stunden ein anderer sein kann als im Alltag und sogar gesellschaftlich anerkannt ausgiebig bis in die frühen Morgenstunden feiert.

Ideen für Silvester

Veranstalten Sie einen privaten Maskenball, bei dem alle schick gekleidet und so maskiert kommen sollen, dass man sie nicht erkennt und sie den Abend über oder zumindest für eine Zeit lang »inkognito« bleiben – das wird gerade den Kindern großen Spaß machen. Vereinbaren Sie einen Moment, in dem alle die Maske abnehmen (in der Einladung vermerken oder ein Schild mit der Uhrzeit auf die Tische stellen). Welche Ideen haben Sie für Ihr Kostüm? Wer wollten Sie schon immer einmal sein? Wie fühlt es sich an, unerkannt unter Freunden zu sein, wie gestalten sich die Gespräche?

Basteln sie Knalltüten! Einfach eine Brotzeitpapiertüte mit allem bekleben, was Ihnen an Deko gefällt oder an Aufklebern in die Hände fällt: Perlen, Strasssteine, Herzen, Kleeblätter, Schornsteinfeger ... Schneiden Sie kleine Zettel zurecht, auf die jeder seine Wünsche für das nächste Jahr oder die Dinge schreiben kann, die Vergangenheit sein sollen, die er loslassen oder »platzen« lassen möchte. Man kann aber auch mischen und alles, was an Gutem und an Schlechtem im letzten Jahr war, Erlebnisse, Wünsche, Sehnsüchte, Ideen auf die Zettel schreiben. Mit kleineren Kindern kann man einfach Symbole oder kleine Bildchen auf die Zettel malen. Dann einen kurzen Strohhalm in die Tüte stecken und die Tüte rund um den Strohhalm zukleben. Um zwölf Uhr die Tüte durch den Strohhalm aufblasen und mit Wonne und lautem Knall platzen lassen.

Wenn Ihnen nicht nach ausgelassenem Feiern ist, sondern eher nach etwas Besinnlichem, oder wenn Sie schon am späten Nachmittag gemeinsam mit den Kindern in den Silvesterabend starten möchten, unternehmen Sie eine Fackelwanderung. Packen Sie Punsch ein und suchen Sie vielleicht einen Ort auf, an dem man ein Feuer entzünden kann. Lesen Sie eine Geschichte, ein Gedicht vor, das zu diesem Abend passt. Verteilen Sie an alle, die dabei sind, je zwei Wunderkerzen. Entzünden Sie die erste Wunderkerze gleichzeitig am Feuer und bitten Sie alle, sich, solange sie brennt, zu überlegen, wofür sie im letzten Jahr dankbar waren. Entzünden Sie dann die zweite Wunderkerze gemeinsam und bitten Sie alle, sich, solange die zweite brennt, etwas für das neue Jahr zu wünschen. Wer mag, kann den Wunsch laut aussprechen. Vielleicht singen Sie zum Abschluss gemeinsam ein Lied, das alle können und mögen? Und wenn es »In der Weihnachtsbäckerei« ist, Hauptsache, Sie singen zusammen.

Zeichnen Sie einen Januskopf auf ein Blatt: Ein Gesicht schaut nach rechts und nach vorne, eines nach links und nach hinten. Schauen Sie auf das vergangene Jahr zurück und schreiben Sie auf die linke Blatthälfte, was Ihnen dazu einfällt. Das muss nicht geordnet sein, lassen Sie die Gedanken einfach kommen. Auf der rechten Blatthälfte notieren Sie, was Ihnen zum neuen Jahr einfällt. Auch hier braucht es keine Ordnung. Unterstreichen Sie dann jeweils drei Begriffe auf der rechten wie auf der linken Seite, die Ihnen am wichtigsten, am auffallendsten, am herausragendsten erscheinen. Schauen Sie die Begriffe noch einmal an und formulieren Sie nun einen Satz, der sich daraus als Motto oder als Aufforderung an Sie selbst ergibt. Der Satz muss keinen der unterstrichenen Begriffe enthalten. Lassen Sie einfach einmal Ihren »Bauch« sprechen, schauen Sie, was Ihnen in den Kopf kommt, wenn Sie die Begriffe betrachten. Wenn Sie möchten, schreiben Sie sich dieses »Motto« auf eine bzw. zwei Karten und stellen Sie sie am Schreibtisch auf oder wo immer Ihr Blick häufiger hinfällt.

Schreiben Sie einen Segen für das alte Jahr und einen für das neue Jahr. Verbrennen Sie beide vorsichtig im Ausguss oder in einer Feuerschale. Mischen Sie die Asche mit Erde, nehmen Sie einen großen Blumentopf und füllen Sie die Erde ein. Streuen Sie Blumen- oder Kressesamen dazu oder pflanzen Sie einen Kern auf oder eine Baumfrucht ein. So wächst aus dem Segen neues Leben.

Vielleicht sind die Kinder schon früh am Neujahrsmorgen auf oder Sie haben nichts an der Silvesterfeier und möchten lieber den Morgen genießen. Ziehen Sie sich feste Schuhe an und gehen Sie früh los, wenn es noch dunkel ist. Schauen Sie dem neuen Jahr beim Wachwerden zu. Spüren Sie so etwas wie Neuanfang? Vielleicht hat es geschneit und Sie können Ihre Spuren in den unberührten Schnee drücken? Welche Spuren möchten Sie in diesem Jahr, in Ihrem Leben hinterlassen? Nehmen Sie sich, wenn Sie wieder zu Hause angekommen sind, etwas Zeit, eine Tasse Tee oder Kaffee und suchen Sie sich einen gemütlichen Platz. Schreiben Sie auf, was Ihnen unterwegs zu Ihren Spuren in den Kopf und ins Herz gefallen ist.

Von guten Mächten

Von guten Mächten treu und still umgeben,
behütet und getröstet wunderbar,
so will ich diese Tage mit euch leben
und mit euch gehen in ein neues Jahr.

Noch will das alte unsre Herzen quälen,
noch drückt uns böser Tage schwere Last.
Ach Herr, gib unsern aufgeschreckten Seelen
das Heil, für das du uns geschaffen hast.

Und reichst du uns den schweren Kelch, den bittern
des Leids, gefüllt bis an den höchsten Rand,
so nehmen wir ihn dankbar ohne Zittern
aus deiner guten und geliebten Hand.

Doch willst du uns noch einmal Freude schenken
an dieser Welt und ihrer Sonne Glanz,
dann wolln wir des Vergangenen gedenken,
und dann gehört dir unser Leben ganz.

Lass warm und hell die Kerzen heute flammen,
die du in unsre Dunkelheit gebracht,
führ, wenn es sein kann, wieder uns zusammen.
Wir wissen es, dein Licht scheint in der Nacht.

Wenn sich die Stille nun tief um uns breitet,
so lass uns hören jenen vollen Klang
der Welt, die unsichtbar sich um uns weitet,
all deiner Kinder hohen Lobgesang.

Von guten Mächten wunderbar geborgen,
erwarten wir getrost, was kommen mag.
Gott ist bei uns am Abend und am Morgen
und ganz gewiss an jedem neuen Tag.

Dietrich Bonhoeffer

Fastnacht

7 Wochen
vor Ostern

Bei der Fastnacht geht es eigentlich wieder um den Vorabend eines wichtigen Feiertags. Gemeint ist die Nacht vor dem Aschermittwoch, vor der Fastenzeit, in der noch einmal heftig gefeiert, getrunken und gegessen wird, ehe für die nächsten sieben Wochen »Schluss mit lustig« ist. Selbst wenn bei der Fastnacht die Nacht schon im Wort selbst steckt, finden die meisten karnevalistischen Veranstaltungen, vor allem die Umzüge, heute tagsüber statt, zudem nicht nur mehr in der Nacht vor dem Aschermittwoch, sondern beinahe eine ganze Woche lang. Dennoch sind gerade zur Fastnacht die Bräuche innerhalb Deutschlands unglaublich verschieden, und in manchen Gegenden spielt die Nacht dann doch noch immer eine größere Rolle. In Köln heißen die »tollen Tage« von Weiberdonnerstag bis Veilchendienstag »Fastelovend«, also »Fastabend«. Am Abend und in der Nacht wird dort auch gefeiert, aber eigentlich eher rund um die Uhr – bis am Dienstag vor Aschermittwoch um zwölf Uhr nachts. Dann ist »alles vorbei«.

Grundsätzlich gibt es in Deutschland zwei wesentliche Traditionen: den rheinischen Karneval und die alemannische Fastnacht. Schon die unterschiedlichen Namen für diese Zeit deuten auf ein unterschiedliches Verständnis derselben hin. Während der (rheinische) Karneval tatsächlich eher mit der namensgleichen, ausgelassenen und für manchen etwas wilden Art des Feierns in Rio de Janeiro vergleichbar ist und eher in katholisch geprägten Gegenden gefeiert wird, findet man die alemannische Fastnacht eher in evangelisch geprägten Gebieten. Sie ist zumindest von den Bräuchen her eine etwas ernstere Angelegenheit – und eine etwas mythischere und mystischere. Gerade hier steht die Nacht mit all ihren Symbolen deutlicher im Vordergrund.

Mit den Masken und dem Lärm, der häufig die Fastnacht begleitet – Böller, laute und oft auch schräge Musik –, erinnert Fastnacht etwas an Silvester oder auch die Raunächte. Während es in dieser Zeit aber um das Austreiben der Geister und vielleicht auch des alten Jahres geht, steht in der Fastnacht die Winteraustreibung im Vordergrund. Wobei man sich diesen häufig ebenfalls als Geist vorstellte. In vielen Regionen in Deutschland wird er als alte Frau bzw. Hexe dargestellt. In der Eifel nennt man sie »Möhnen« und sie regieren vor allem am Weiberdonnerstag das Fastnachtstreiben. In der alemannischen Fastnacht ist die Hexe als Kostüm ebenfalls sehr präsent. Anders als im Karneval verschwinden die Menschen in der Fastnacht häufig hinter einer (Holz-)Maske, die dann den Einzelnen anonym, unkenntlich macht. Viele Fastnachtsgruppen, gerade in der alemannischen Fastnacht, tragen einheitliche Masken und Kostüme, sodass man wirklich den einen nicht vom anderen unterscheiden kann. Ich muss zugeben: Wenn diese so maskierten Menschen auf einen zustürmen und einen, wenn man nicht aufpasst, mitreißen, vorführen, mit Konfetti oder Schlimmerem überschütten – das hat mir selbst als Erwachsenen ein bisschen Angst gemacht.

Der rheinische Karneval hat seine Ursprünge darin, dass die Rheinländer im Dreißigjährigen Krieg für die Preußen kämpfen sollten und sich dem widersetzten, indem sie statt zu schießen Blumensträußchen und Süßigkeiten und statt zu morden Küsse verteilten. Schaut man sich die Uniformen der Karnevalsgesellschaften an und auch die Tänze und anderen Bräuche, geht es tatsächlich vor allem darum, die Besatzer in jedmöglicher Weise auf den Arm zu nehmen und lächerlich zu machen. Die alemannische Fastnacht dagegen ist näher am Ursprung des Festes, eben der Winteraustreibung und der Vertreibung der Wintergeister.

Eine Veranstaltung, die das sehr deutlich zum Ausdruck bringt und auch zur dunkelsten Zeit der Nacht, nämlich morgens um vier Uhr beginnt, ist die »Basler Fasnacht«. Nicht nur die Masken und Kostüme, die zum Teil eine uralte Tradition haben und noch einmal ein ganz eigenes Gepräge, sind dabei wesentlich, sondern auch das Licht bzw. die Laternen spielen eine große Rolle. Sie werden als Kunstobjekt jedes Jahr neu entworfen und am Sonntagabend vor dem »Morgenstreich«, wie der Umzug in der Baseler Altstadt heißt, bei Beginn der Dunkelheit verhüllt mit in die Stadt gebracht. Anschließend gibt es eine Vernissage für die Mitglieder der »Cliquen«, wie die verschiedenen Gruppen mit ihren jeweiligen Kostümen und Masken heißen. Nachdem die Laterne wieder verhüllt wurde, wird sie zu dem Punkt in der Stadt gezogen oder gefahren, von dem aus die Clique beim Morgenstreich starten wird. Sie werden dabei »eingepfiffen«, das heißt, nur von den Piccolo-Pfeifern musikalisch begleitet. Am nächsten Morgen um vier Uhr werden die Laternen dann von Pfeifern und Trommeln begleitet durch die Straßen getragen. Die Straßenlaternen werden dabei ausgeschaltet und es herrscht eine ganz eigenartige, einzigartige Atmosphäre in den Straßen. Die Basler Fasnacht dauert drei Tage und wird vor allem an den Abenden und in den Nächten gefeiert. Während montags der Morgenstreich bestimmend ist, gehört die Stadt am Dienstag den »Gugge« – eine immer laute, zum Teil sehr schräge Art von Blasmusik mit Schlagwerk, bei der man sich wirklich vorstellen kann, dass sie es schafft, den Winter zu vertreiben. Mittwochs (und auch schon montags) gibt es den sogenannten Cortège, einen großen Umzug, in dem neben den Cliquen und der Guggenmusik auch andere Gruppen mitgehen. In dieser Nacht wird dann noch einmal richtig heftig gefeiert, ehe der »Mummenschanz« am Donnerstagmorgen um Punkt vier Uhr endet. Anders als in Deutschland beginnt die Basler Fasnacht am Montag nach Aschermittwoch, also fast genau eine Woche später als in den übrigen Gebieten.

Gerade in der Basler Fasnacht sind die Masken wesentlich. Sie machen es möglich, jemand anderer zu sein, Dinge auszuprobieren, neue Rollen zu üben, über sich hinauszuwachsen, mutiger zu sein. Sie ermöglichen zudem Anonymität und daher schadet das, was man unter dieser Maske tut, dem eigenen Ansehen nicht, weil einen niemand erkennt. Das hat allerdings auch große Schattenseiten, und deshalb müssen die kostümierten Teilnehmer des Umzugs eine Nummer an ihren Verkleidungen tragen, über die sie zu identifizieren sind.

Früher war eine solche Maskierung eine Gelegenheit, einmal aus dem harten Alltagsleben auszusteigen, sich auszuprobieren, jemand anderer zu sein als der, der man gezwungen war zu sein: arm, ohne Stimme, unberücksichtigt. Man konnte die Oberen kritisieren, ohne Konsequenzen fürchten zu müssen, sich Menschen nähern, die man sonst nur aus der Ferne betrachten konnte, alles schien erlaubt – obwohl natürlich echte Karnevalisten wissen, dass es nichts gibt, das mehr Regeln kennt als die Fastnacht und auch nichts anderes eine so ernste Sache ist.

Grundsätzlich ist die Fastnacht ein eher katholischer Brauch, der heute in vielen evangelischen Landstrichen weniger bis gar nicht gefeiert wird – jedenfalls je weiter man in Deutschland Richtung Norden kommt. Dabei ist das Bußsakrament sicher ein wichtiger Faktor gewesen, das es in der evangelischen Kirche nicht gibt: nach Fastnacht legte man die Beichte ab und alles, was in den vergangenen Tagen geschehen war, wurde einem vergeben. Es stand und steht in der Fastnacht aber auch die Lebensfreude, das Genießen, das Über-die-Stränge-Schlagen im Mittelpunkt. Dazu gehört, dass es in fast allen Gegenden zu diesem Anlass verschiedene meist sehr fette und/oder süße Gerichte wie Krapfen und Eintopf gab, die dann noch einmal mit Wonne und ohne Reue gegessen wurden – und eine gute Grundlage zum Feiern boten. Allerdings war es wohl die Zeit, in der die letzten Reste von für den Winter Eingemachtem und Geräuchertem aufgegessen wurden, ehe sie verdarben. Die Fastenzeit ist in diesem Sinn etwas, das dem Vorgegebenen folgt oder den Jahresrhythmus abbildet, denn bis Ostern, bis die ersten Pflanzen und Kräuter zu wachsen begannen und die Tiere Nachwuchs bekamen, gab es tatsächlich nicht viel zu essen, die Menschen fasteten jahreszeitenbedingt, wenn auch eher unfreiwillig.

Um null Uhr am Fastnachtsdienstag war dann aber endgültig Schluss – und das ist es heute noch. Auf Maskenbällen nahm man die Larve vom Gesicht, man erkannte sich sozusagen wieder. Und mit der Demaskierung und der Rückkehr zum eigenen Gesicht begann auch der Alltag.

Vielleicht heißt deshalb dieser Dienstag oder die Feier an Fastnachtsdienstag der »Kehraus«: Es ist sozusagen der letzte Tanz, die letzte Feier, danach wird die Fastnacht mit den Resten am Boden, dem Konfetti und dem Stroh nach draußen gekehrt. Allerdings kennt man in einigen Regionen Bräuche, die das Ganze noch etwas drastischer deutlich machen: Um zwölf Uhr kommt ein als Priester verkleideter Fastnachter in den Tanzsaal oder ins Gemeinde- oder Wirtshaus und feiert mit seinen »Messdienern« die Beerdigung der Fastnacht, die anschließend symbolisch als Puppe verbrannt wird. Auch das ist vor allem wieder in der rheinischen Fastnacht Brauch, ausnahmsweise sind dabei nicht die Preußen, sondern ist die Kirche das Ziel des Spotts. Das Verbrennen der Fastnacht ist jedoch

wiederum ein älteres Symbol, das mit der Winterverbrennung zusammenhängt. In Köln verbrennt man den »Nubbel«, eine mannsgroße Strohpuppe, die häufig während der Fastnacht über den Eingängen der Wirtshäuser und Kneipen hängt. Er ist ein Symbol für den »Sündenbock«, der alles, was an Fastnacht an Übertretungen und Verfehlungen geschehen ist, auf sich nimmt und eben zum Ende verbrannt wird.

Sobald der Aschermittwoch anbricht, beginnt die Fastenzeit, sozusagen die Rückseite der Fastnacht: der Ernst des Lebens. Mit dem Aschekreuz, das den Menschen an diesem Tag in der Messe auf die Stirn gezeichnet wird, werden sie gleich nach der Freude dieser Tage spürbar daran erinnert, dass sie sterben müssen und Asche sind, nicht mehr.

Zur gleichen Zeit der »alten Fastnacht«, wie man diese Zeit in der Schweiz nennt, also am Sonntag nach Aschermittwoch, gibt es in einigen Gegenden, vor allem Bergregionen, einen weiteren Brauch, bei dem die Nacht und das Licht bzw. das Feuer im Mittelpunkt stehen: das Scheibenschlagen. Er wird in Tirol, im Vinschgau und heute vor allem im alemannischen Raum um Basel und das Markgräflerland, rund um Freiburg und im Schwarzwald zelebriert: Brennende, sehr dünne Holzscheiben werden von einem Berg bzw. einem »Sprungbrett« aus mit einem Stock den Berg hinunter ins Tal geschlagen, sodass sie in der Dunkelheit als Licht oder Feuerscheiben zu sehen sind. Daher heißt dieser Tag in einigen Gegenden Funkensonntag. Ähnlich wie in der Fastnacht geht es bei diesem Brauch um die Winteraustreibung. Gleichzeitig erinnert er an das Pendant im Sommer am längsten Tag des Jahres: die Johannisnacht mit ihren Feuern auf den Bergen. Häufig hat das

Scheibenschlagen aber noch einen anderen Hintergrund, es ist sozusagen ein Liebesbrauch, denn beim Abschlagen der Feuerräder spricht man den Namen der Geliebten oder Angebeteten in einem kleinen Reim aus oder sendet Grüße oder einen Segen an eine Person, die einem wichtig ist. Man sagt: Je schöner die Scheibe fliegt, desto mehr Glück verheißt sie.

Ideen für Fastnacht

Haben Sie schon einmal eine Maske getragen, die so verhüllend war, dass wirklich niemand Sie erkannt hat? Probieren Sie es einmal aus, vielleicht nur für wenige Stunden. Spüren Sie dem nach, was sich dadurch verändert. Was fühlen Sie? Was tun Sie, was lassen Sie, was denken Sie – über sich, über die Rolle, über den Menschen, der Sie jetzt sind? Lassen Sie sich auf diese Rolle für einen Abend/eine Nacht ein. Wenn Sie Ihre Mitmenschen verblüffen wollen, verschwinden Sie um zwölf Uhr und kehren Sie dann als Sie selbst zur Party zurück. Hat Sie jemand erkannt? Was sagen die Gäste über die Gestalt in der Maske, die Sie dargestellt haben? Was sagt Ihnen das über sich selbst?

Überlegen Sie sich: Welche Rolle würde ich gerne einmal spielen, welche Figur wäre ich gerne? Als was würde ich mich gerne verkleiden? Trauen Sie sich und gehen Sie in diesem Kostüm zum Karneval!

Eine andere Idee: Suchen Sie ein Kostüm aus oder wählen Sie eine Rolle, die Sie sich im normalen Leben gar nicht vorstellen können. Tragen Sie das Kostüm – wie fühlen Sie sich? Verändert das Kostüm Sie, Ihr Denken, Ihr Handeln?

Stellen Sie sich vor, man würde Sie fragen, ob Sie in einem Theaterstück mitspielen wollen: Was wäre die Rolle, die Sie sich aussuchen würden? Wen würden Sie gerne darstellen? Warum? Versetzen Sie sich in diese Rolle: Wie fühlt es sich an, was denkt diese Person, wie handelt sie?

Gerade mit Kindern ist das Scheibenschlagen eine schöne Tradition, die man an einem Winterabend vor dem Aschermittwoch oder an dem folgenden Wochenende feiern kann. Da das Abschlagen brennender Holzscheiben eine gefährliche Angelegenheit sein kann, wenn sie nicht von der Feuerwehr mit überwacht wird, kann man alternativ dazu zu Hause im Garten in einer Feuerschale oder in einer Grillhütte ein Feuer entzünden und die dünnen Holzscheiben mit einem Segen oder einem guten Wunsch beschriften, sich etwas weiter wegstellen und dann versuchen, die Scheiben ins Feuer zu werfen, etwa wie beim Boccia.

Sie können daraus auch eine Winterfastnachtsfeier machen. Die Kinder (und die Erwachsenen, wenn sie mögen) verkleiden sich, vielleicht schauen Sie einmal ganz bewusst nach den Kostümen, die die Menschen in der alemannischen Fastnacht tragen. Tanzen Sie ums Feuer, machen Sie gemeinsam einen »Umzug« um die Grillstelle, das Haus, die Grillhütte, singen, spielen Sie mit den Kindern. Sie können »Besenreiten« veranstalten (jedes Kind muss so schnell es kann ein Hexenkostüm anziehen, sich den Besen schnappen, zwischen die Beine klemmen und eine bestimmte Entfernung zurücklegen. Wer als Erster ankommt, hat gewonnen). Vielleicht gibt es ein kleines Buffett, wenn jeder etwas mitbringt. Das Feuer ist ideal, um darüber Kartoffeln oder Bratäpfel zu braten oder eine Suppe warmzumachen. Am Schluss können Sie gemeinsam eine Strohpuppe basteln und den Winter verbrennen (selbst wenn er noch eine Weile bleiben wird …).

Osternacht

In der katholischen Kirche ist der Ostersonntag der höchste
Feiertag im Kirchenjahr. Ähnlich wie an Heiligabend hat hier
die Vigilfeier des Vorabends, die eigentlich zur Vorbereitung
der Gläubigen auf das Fest diente, mit der Zeit so große Bedeutung erlangt, dass sie einen eigenen Namen erhalten hat
und inzwischen beinahe gleichwertig neben dem Hochamt am
Ostersonntag steht. Mehr noch: Während man früher an den
Ostertagen alle Messen besuchte (die Osternacht, den Aufer-
stehungsgottesdienst, das Hochamt und schließlich den Dank
am Nachmittag oder Abend), gehen die meisten Menschen
heute entweder zur Osternachtsfeier oder zum Festgottes-
dienst am Ostermorgen.

In der Liturgie heißt sie »Nacht der Nächte«, womit auch
ihre Bedeutung noch einmal herausgehoben wird. Hier wird im
Gottesdienst selbst deutlich erfahrbar, was gefeiert wird, denn
noch mehr als in der Messe an Heiligabend wird das biblische
Geschehen durch Symbole und Rituale sinnlich wahrnehmbar.

Heute beginnt die Osternachtsfeier meist in der oben be-
schriebenen kältesten und dunkelsten Stunde vor Beginn
der Morgendämmerung. Vor der Kirche gibt es vielerorts ein
Osterfeuer, das vom Priester entzündet und gesegnet und an
dem dann die Osterkerze entfacht wird. Der Priester zieht anschließend mit der Osterkerze in die dunkle Kirche ein, dort
wird das Licht an die Gottesdienstbesucher weitergegeben,

die ihre mitgebrachten Kerzen daran entzünden. Die Kirche ist also zunächst nur von Kerzen erleuchtet, die elektrischen Lichter bleiben ausgeschaltet. Es folgt die sogenannte Lichterfeier, bei der in dieser besonderen Stimmung verschiedene Lesungen aus der Bibel gehört werden. Dazwischen gibt es immer wieder Zeiten der Stille, die das Gefühl der Grabesnacht und Dunkelheit noch einmal greifbar und erlebbar machen.

Wenn das »Exsultet« erklingt, das sogenannte Osterlob, ist meist schon hinter den Kirchenfenstern ein heller Schimmer erkennbar, die Dämmerung ist hereingebrochen. Anschließend singt der Priester die erste Zeile des »Gloria«, und die Gemeinde antwortet. Dabei spielt zum ersten Mal seit Gründonnerstag wieder die Orgel, alle Kirchenglocken läuten und die übrigen Lichter in der Kirche werden angezündet oder eingeschaltet. Mir läuft in diesem Moment noch immer eine Gänsehaut über den Rücken, weil er so sinnlich fühlbar macht, was mit dem Ostermorgen gemeint ist: Verlebendigung, das Erwachen aus dem Todesschlaf, unbändige Freude, Lebensfreude, Lebensmut, der Triumph des Lebens über den Tod.

Im Gottesdienst wird anschließend die Ostergeschichte aus den Evangelien vorgelesen. Mir ist sie am liebsten, wie sie bei Johannes erzählt wird (Joh 20,1–18). Vielleicht auch, weil es meine Namensvetterin ist, die Jesus nach seiner Auferstehung als Erste begegnet. Und weil er so zart mit ihr spricht, sie fragt, warum sie weint, und sie am Ende wirklich trösten kann, auch wenn sie ihn nicht mehr berühren darf – eine Erfahrung, die wie ein Traum klingt ...

Was am Ende dieser zweiten Nacht nach dem Tod Jesu passiert ist, beschreiben die vier Evangelien sehr unterschiedlich –

und sehr viel unterschiedlicher als beispielsweise einige Gleichnisse oder Reden Jesu, die ebenfalls in allen Evangelien berichtet werden. Was aber alle Erzählungen gemeinsam haben, ist der Zeitpunkt, zu dem sie einsetzen: am frühen Morgen, »als es noch dunkel war«, wie es bei Johannes heißt, gehen Frauen bzw. Maria von Magdala zum Grab Jesu, um seinen toten Körper zu salben, aber sie finden ihn nicht mehr im Grab. In den meisten Evangelien begegnen den Frauen dann ein oder zwei Engel, die ihnen sagen: »Fürchtet euch nicht!«, wie sie es ebenfalls in der Nacht der Geburt Jesu zu den Hirten sagen. »Der, den ihr sucht, ist nicht mehr hier, er ist auferstanden.« Im Markusevangelium fliehen die Frauen jedoch vom Grab und grausen sich, sie erzählen niemandem davon, weil sie solche Angst haben – obwohl ihnen der Engel aufgetragen hatte, sie sollen es Petrus berichten und ihm sagen, er soll nach Galiläa gehen, dort würden sie Jesus wiedertreffen.

Die Nacht und das Grab mit dem Fels davor stehen in allen Evangelien deutlich im Kontrast zur Erzählung von den weißen Binden, den Tüchern, in die Jesus gewickelt wurde nach dem Tod, die jetzt dort im dunklen Grab leuchten, sowie den Gewändern der Engel, die als leuchtend weiß beschrieben werden. Sie wirken dadurch überirdisch, nicht mehr von dieser Welt. Die Nacht symbolisiert hier zudem alles, was lebensfeindlich ist: Dunkelheit, Verderben, Qual, Bosheit, Tod. Umso strahlender bricht dieser neue Ostertag an, der mit dem auferstandenen Christus, der Sonne, die nie mehr untergeht, gleichgesetzt wird.

Für die Kirche liegt in dieser Erzählung sozusagen ihr Innerstes, das, was sie von anderen Religionen unterscheidet und sie im Kern ausmacht, die Glaubenswahrheit, auf die sich die Christenheit gründet und stützt: Jesus ist am Kreuz gestorben und am dritten Tag oder in der zweiten Nacht auferstanden von den Toten. Das Leben, die Liebe ist stärker als der Tod, keine Nacht dauert ewig, das Dunkel bleibt nicht dunkel, es wird immer wieder Tag.

Für viele Menschen ist das eine schwierige Botschaft oder eine schwer zu glaubende Geschichte: »Es ist noch niemand zurückgekommen«, heißt es immer von den Toten. Dass Jesus als einziger Mensch auferstanden sein soll und nicht im Grab liegen geblieben ist, wie wir es als »Normalsterbliche« mit unseren Lieben erfahren, ist etwas, das man eben nicht sinnlich erfahren kann und was daher von vielen, auch Angehörigen anderer Religionen, als Spinnerei oder Aberglaube abgetan wird.

Für Christen ist der Tod und die Auferstehung nicht nur symbolisch zu verstehen. Es meint für sie zudem mehr als den generellen Sieg des Lebens über den Tod, den man beispielsweise in der Natur beobachten kann, weil hier sozu-

sagen nichts verlorengeht, sondern sich nur der Zustand der Materie ändert, wenn eine Pflanze, ein Tier, ein Mensch stirbt und dann wieder zum Nährboden für neues Leben wird. Aber vielleicht kann Ostern in dieser Deutung auch von Menschen mitvollzogen und gefeiert werden, die sich schwertun mit dem Auferstandenen oder der Osterbotschaft.

Diese »Nacht der Nächte« bildet jedenfalls im christlichen Glauben einen zentralen Pol des Kirchenjahres, so wie die andere »Nacht der Nächte« an Weihnachten, zwischen denen das Leben Jesu im Jahreskreis eingebettet gefeiert wird. Spannend, dass sich die Feiern der größten christlichen Feste von den Festtagsfeiern auf die »Vorabende« verlagert haben und somit tatsächlich zwei Nächte im Zentrum des Glaubens und der Feier des Glaubens stehen.

 *Ideen für Ostern*

Wenn es Ihnen möglich ist, besuchen Sie einmal eine katholische Feier der Osternacht mit dem vorausgehenden Osterfeuer, der Lichtfeier in der dunklen Kirche und dann dieser furiosen, fröhlichen Lebens- und Auferstehungsfeier im Anschluss. Man muss nicht alle Texte verstehen oder sich mit allen Glaubensaussagen bis ins Detail beschäftigen. Versuchen Sie, die Stimmung zu erspüren, sich in sie hineinzugeben, das Ereignis, die Feier zu erleben, statt mit dem Kopf daranzugehen. Schließen Sie vielleicht die Augen, überlassen Sie sich der Atmosphäre, dem Gesang und dem Gebet und der Erzählung. Es ist, wie ich finde, ein Erlebnis, das den Ostersonntag noch einmal zu einem ganz besonderen Tag macht, weil man dieses Gefühl von Auferstehung, von Lebensfreude und Erweckung mit in den Tag nimmt und ihn anders feiert.

In vielen Gemeinden gibt es zudem nach der Osternachtsfeier das Angebot, gemeinsam zu frühstücken. So früh am Morgen dann bei einer Tasse Kaffee und Hefezopf zusammenzusitzen und den Morgen und die Gesellschaft zu genießen, setzt das Erlebte in der Osternacht fort, und man kann der Osterfreude noch ein bisschen gemeinsam nachspüren.

Falls das aus welchen Gründen auch immer nicht möglich ist oder einfach nicht passt: Man kann stattdessen privat eine kleine Osterfeier veranstalten. Im Dunkeln loslaufen und auf einem Berg, an einem See, einem anderen Ort, der einem wichtig ist, den Sonnenaufgang erleben. Vielleicht Fackeln mitnehmen und Picknick, dann kann man nach Sonnenaufgang gemeinsam draußen oder in einer Hütte oder einem anderen geschützten Ort frühstücken. Wenn Sie möchten, können Sie Texte mitnehmen, die die Erfahrung von Ostern spürbar machen. Das müssen keine biblischen Geschichten sein, es können Gedichte oder literarische Texte sein. Wenn es Ihnen eher nach Zuhausebleiben ist: Entzünden Sie im Garten in der Dunkelheit ein Osterfeuer in der Feuerschale. Sie können allein oder mit den anderen aus der Familie schweigend den Sonnenaufgang schauen, vielleicht einen Becher mit Tee, Kaffee oder einem Punsch herumreichen und dann zum gemeinsamen Osterfrühstück hineingehen. Vielleicht haben Sie Lust, am Karsamstag ein Osterbrot zu backen, das Sie dann mit allen brechen und teilen können? Oder einen Osterkranz?

Rezept Osterkranz

Zutaten:
250 g Magerquark
8 EL Milch
1 Ei
10 EL Öl (am besten Sonnenblumen- oder Rapsöl)
150 g Zucker
1 P. Vanillinzucker
1 Pr. Salz
450–500 g Mehl
1 P. + 2 gestr. TL Backpulver
Hagelzucker oder Ei zum Bestreuen/Bestreichen

Quark, Milch, Ei, Öl, Zucker, Vanillinzucker und Salz in eine Schüssel geben und verrühren. Dann Mehl und Backpulver hinzufügen und mit der Hand daraus einen geschmeidigen Teig kneten. So viel Mehl hinzufügen, bis er nicht mehr klebt. Den Teig in drei gleiche Teile teilen und zu ungefähr 5 Zentimeter dicken »Würsten« ausrollen. Jetzt die drei Stränge zu einem Zopf flechten. Auf Backpapier auf ein Blech geben und bei 180 Grad etwa 40 Minuten backen. Oder den Zopf in eine Springform geben und zu einem Kranz formen, bei dem sich dann die Enden verbinden. Unbedingt mit einem Holzstäbchen hineinstechen und prüfen, ob der Teig gar ist, sonst noch etwas länger backen.
Kurz vor Ende der Garzeit den Zopf mit Hagelzucker bestreuen oder mit etwas Eigelb bestreichen.

Sie können zudem allein oder gemeinsam mit den anderen Ihrer Familie eigene »Ostererfahrungen« sammeln. Überlegen Sie: Wann und wo in Ihrem Leben ist aus einer schier endlosen, hoffnungslos dunklen Nacht plötzlich Ostern geworden? Wo gab es Auferstehungen in Ihrem Leben? Wo sind Sie wieder lebendig geworden, obwohl Sie sich tot fühlten, oder wo haben Sie bei anderen Auferstehung erlebt? Wenn Sie vor Ostern einen Strauß aus Obstbaumzweigen schneiden, können Sie nun Ihre Gedanken und Erfahrungen auf Zettel notieren und als Schmetterling oder Schiffchen oder Kranich gefaltet an die Zweige hängen. Wenn die Zweige zu blühen beginnen, stellen Sie sich vor, dass auch Ihre Erfahrungen Blüten treiben und Sie in so vielen Situationen wieder lebendig gemacht haben. Vielleicht gibt es einen Strauß, an dem Sie Ostereier aufgehangen haben. Sie können die Zettel zu Blüten falten und zwischen die Eier hängen.

Oder aus den gefalteten Zetteln Samenpapier herstellen: Man braucht dazu Eierkartons, Ausstechförmchen, Küchenpapier, Blumensamen (z. B. Wildblumensaat), einen Mixer mit Mixbecher, etwas warmes Wasser. Und so geht's: Den Eierkarton in kleine Stücke reißen und in den Mixbecher geben. Die kleinen Stücke mit warmem Wasser begießen, sodass alles bedeckt ist. Die Masse für zwei Stunden stehen lassen. Dann im Mixer oder mit dem Zauberstab sehr klein häckseln. Die Ausstechförmchen auf Küchenpapier legen, die Papiermasse ausdrücken und in die Förmchen füllen. Blumensamenmischung auf die Masse streuen und leicht andrücken. Über Nacht trocknen lassen, dann die Ausstechförmchen entfernen. Samenpapier zu Ostern verschenken oder zunächst an den Osterstrauß hängen und später einpflanzen.

Johannisnacht

24.06.

Die Johannisnacht ist sozusagen das Pendant zu Weihnachten, weil sie genau ein halbes Jahr später gefeiert wird. So, wie das Weihnachtsfest inhaltlich eine Verbindung zur Wintersonnenwende am 21. oder 22.12. hat, hat das Johannisfest eine zur Sommersonnenwende am 20., 21. bzw. 22.6. Das Fest ist nach Johannes dem Täufer benannt, der an diesem Tag Namenstag hat und laut der Geschichten in der Bibel ein halbes Jahr vor Jesus geboren wurde. Seine Mutter Elisabeth war die Cousine von Maria, der Mutter Jesu. In der Bibel ist außerdem zu lesen, dass es mit der Geburt von Johannes etwas Besonderes auf sich hatte: Zacharias, sein Vater, war Priester im Tempel. Als er hier eines Tages Dienst im Allerheiligsten hatte, trat ein Engel zu ihm, sagte – wieder einmal – »Fürchte dich nicht« und kündigte ihm die Geburt seines Sohnes an. Zacharias fürchtete sich zwar sehr, aber er widersprach dem Engel trotzdem: Das könne nicht sein, seine Frau sei unfruchtbar und sie seien ja wohl beide schon etwas alt dafür. Dann solle der Engel doch erst einmal sagen, wer er denn sei. Dieser gibt sich als Erzengel Gabriel zu erkennen – und weil er Widerspruch nur schlecht verträgt, schlägt er Zacharias mit Stummheit. Erst als Johannes auf die Welt kommt und bei der Beschneidung seinen Namen erhält, findet Zacharias seine Sprache wieder. Er stimmt einen Lobgesang an und verkündet dann, dass Johannes Jesus den Weg bereiten werde (Lk 1,5–25;57–80).

Johannes wird ähnlich wie Jesus Prediger in Galiläa, aber er zieht sich in die Wüste, in die Einsamkeit zurück und ernährt sich von »Heuschrecken und Honig«, wie die Bibel weiß. Er predigt Buße und Umkehr – und er versteht sich selbst als Jesu Vorläufer. Denn als seine Jünger mit denen Jesu über die Botschaft ihrer Meister in Streit geraten, sagt Johannes: »Er muss wachsen, ich aber muss abnehmen/geringer werden« (Joh 30,30). Schaut man auf die beiden Geburtsfeste von Johannes und Jesus, so sieht man diesen Satz sozusagen im Lauf der Sonne gespiegelt, denn ab dem Johannistag werden die Tage wieder kürzer, ab Weihnachten dagegen länger.

Für Haus und Hof und die Tiere war jedoch die Sommersonnenwende beinahe noch wichtiger als die Wintersonnenwende. Denn um diesen Termin entscheidet sich auch heute noch oft die Großwetterlage – und damit, ob es ein nasser Sommer wird oder ein trockener. Zudem mäht man um diese Zeit zum ersten Mal die Wiesen, um Heu zu machen, und viele Pflanzen, vor allem Kräuter, stehen jetzt in vollem Saft. Für andere dagegen endet an diesem Termin die Saison: Rhabarber und Spargel werden nach dem Johannitag nicht mehr verkauft und sind dann meist ausgewachsen und schmecken nicht mehr.

Als katholischer Feiertag wird der Johannistag auch heute noch an vielen Orten begangen. Es gibt verschiedenste Bauernregeln zu diesem Tag und ebenso spezielle Riten und Bräuche. Einer davon sind die Johannisfeuer. Hier mag im Hintergrund noch immer stehen, dass es um das Vertreiben von Dämonen und bösen Geistern geht. Im Vordergrund steht aber die Bitte um Segen für eine gute Ernte und das Feiern des

Mittsommers, der Sommersonnenwende. Daher bildet das Licht, das Feuer, den Mittelpunkt. Gerade für die Menschen früherer Jahrhunderte war das Sommerhalbjahr entscheidend für ihr Leben, denn eine gute Ernte bedeutete, dass man im Winter nicht hungern musste. Eine gute Heuernte war die Voraussetzung dafür, dass man das Vieh – ein wertvoller Besitz – nicht schlachten musste vor dem Winter, sondern es bis zum nächsten Frühjahr durchfüttern konnte.

Das Sommerhalbjahr bedeutete aber auch im Leben der Menschen selbst so viel mehr Freiheit und »Komfort«, denn im Winter gingen viele aus Mangel an Brennholz und Talg für die Kerzen mit dem Dunkelwerden ins Bett. Wie anders sah das im Sommer aus! Zudem musste man nicht frieren in dieser Zeit, die Natur schenkte üppige Mahlzeiten, ohne dass man auf Eingemachtes und Altes zurückgreifen musste – jede Menge Gründe, diese Zeit zu feiern und sie zum Feiern zu nutzen, ehe das Licht wieder abnahm.

Ich habe einmal in der Alb-Region die Johannisnacht erlebt – es war warm und der Himmel strahlte in einem unglaublichen Blau. Als das Licht weniger wurde und es auf halb elf zuging, wurden auf jedem Hügel rings ums Tal Feuer entzündet. Es sah aus wie Leuchttürme, wie große Glühwürmchen, wie ein Gespräch unter den Feuern, als es dunkel war. Dazu Musik und das Lachen der Menschen, die Sterne, der Himmel, der noch immer nachglühte, bis gegen halb zwölf das letzte Licht verlöschte. Eine Wundernacht – so hat es sich angefühlt. Als wäre alles möglich.

Sommernächte um diese Zeit sind noch immer etwas unglaublich Schönes. Und es fühlt sich für mich tatsächlich ganz anders an als eine Winter- oder Frühlingsnacht. In manchen davon habe ich gefeiert, bis es dunkel und wieder hell wurde, es sind ja nur ein paar Stunden, die um diese Zeit dazwischenliegen: im Gras liegen, die Nacht durchwachen am Feuer, im Gespräch bleiben, Glühwürmchen oder Johanniskäfern zugucken ... Und sie fühlen sich nach Freiheit an: man muss keine lange Hose, keinen Pulli überziehen, weil auch die Nächte warm sind und erst gegen Morgen abkühlen. Das Vogelkonzert in der Dämmerung, der Tau auf der Wiese zwischen den Füßen, das Hellwerden schon vor fünf Uhr, die üppige Natur zu dieser Zeit, wenn so vieles blüht und schon reift – die Johannisbeeren heißen schließlich nicht umsonst so. Aber auch Stachelbeeren, Kirschen, Himbeeren ...

Eine Kindheitserinnerung, an die ich am Johannistag immer denken muss: Mein Vater, der an diesem Datum jedes Jahr melancholisch wurde, weil das Jahr den Zenit überschritten hatte und die Tage ab jetzt wieder kürzer wurden. Damals habe ich ihn ausgelacht deswegen – der Sommer hatte doch gerade erst angefangen! Wie konnte man da an kürzer werdende Tage denken! Je älter ich werde, desto mehr kann ich ihn verstehen – und desto mehr geht es mir genauso. Denn selbst wenn man das zunächst kaum wahrnimmt und der Hochsommer noch bevorsteht, nimmt das Licht wieder ab. Selbst wenn wir heute nicht mehr so sehr abhängig sind vom Sonnenlicht und den Jahreszeiten: Innerlich werde ich immer abhängiger davon, spüre ich jedes Jahr mehr, wie sehr mir die lichtlose Zeit zu schaffen macht und dass ich mich beinahe schon vor dem Winter mit seinen vielen Dunkelheiten fürchte. Leben spüre ich meist erst wieder, wenn die Wintersonnenwende vorbei ist und ich mit jeder Faser merke, dass mir die Aussicht auf mehr Licht und Grün in der Natur Kraft gibt, die Wintermonate noch auszuhalten. So sind beide Sonnenwenden nicht ohne einander denkbar, das Zunehmen und das Abnehmen gehören untrennbar zusammen, das Aufblühen und das Vergehen, ähnlich wie Johannes und Jesus, deren Feste an diesen beiden »Jahreswenden« symbolhaft stehen.

Ideen für den Johannistag

Eine weitere Kindheitserinnerung an diesen Tag ist, dass er bei uns zu Hause nie einfach so verstrich, sondern immer gefeiert wurde – als Sommerfest mit allem, was der Sommer dann zu bieten hatte. Vielleich haben Sie Lust, am Johannistag oder, falls er auf einen Wochentag fällt, am Wochenende danach den Sommer, die Sommernacht ausgiebig zu feiern: Laden Sie Familie und/oder Freunde ein, wenn möglich, entzünden Sie ein Johannisfeuer und bringen Sie auf den Tisch, was die Natur gerade zu bieten hat und was Ihnen Spaß macht, daraus zuzubereiten. Erleben Sie die Nacht gemeinsam draußen: Ziehen Sie mit den Kindern im Garten in ein Zelt, mieten Sie eine Grillhütte oder eine Blockhütte im Wald, zählen Sie gemeinsam Sterne, bleiben Sie so lange wach, wie es geht. Erzählen Sie sich Geschichten am Feuer, machen Sie gemeinsam Musik. Und erleben Sie gemeinsam den Sonnenaufgang am längsten Tag des Jahres.

In manchen Gegenden werden am Johannistag wie an Mariä Himmelfahrt im August Kräutersträuße gebunden, weil diese gerade im Juni in vollem Saft und damit auch in ihrer höchsten Wirkung stehen. Dazu eignen sich zum Beispiel Johanniskraut (das nach diesem Tag benannt ist), Salbei, Kamille, Schafgarbe, Lavendel, Spitzwegerich, Mädesüß und Heiligenkraut. Schauen Sie gemeinsam mit den Kindern nach, welche Wirkung diese Kräuter haben oder bei welchen Krankheiten sie angewendet und in welchen Gerichten sie zum Würzen verwendet werden. Gehen Sie gemeinsam in der Wiese, am Waldrand, vielleicht auch im Kräutergarten auf die Suche danach und binden Sie daraus Sträuße. Früher hing man diese dann nicht nur in der Wohnung, sondern auch in den Ställen zum Trocknen auf und verbrannte am Johannistag die Bündel aus dem letzten Jahr im Johannisfeuer. Sie können die Sträuße weiterverschenken, vielleicht verbunden mit einem Segen, den Sie bei der Übergabe sprechen oder auf eine Karte schreiben und dann mit verschenken. Oder Sie überlegen sich in der Familie, wo der Kräuterstrauß in der Wohnung hängen soll und welchen Segen sie damit für die Familie verbinden wollen.

Halloween

30.11.

An Halloween scheiden sich heute oft die Geister. Die einen feiern das Fest, das erst seit den Neunzigerjahren des letzten Jahrhunderts bei uns langsam ankommt, mit großer Freude und Lust am Gruseln, die anderen finden es »unchristlich«, amerikanisch und in unseren europäischen Wurzeln nicht verankert und daher traditionslos.

Ich denke immer wieder: Dass etwas bei uns keine Tradition hat, ist kein Argument. Denn alle Traditionen waren irgendwann neu, irgendwer hat zu irgendeiner Zeit damit angefangen und dann wurde es weiter tradiert. Warum also nicht etwas Neues übernehmen, wenn man das Gefühl hat: Es gibt etwas zu feiern, es gibt ein Bedürfnis, diesen Tag zu begehen. Die meisten Gegner des Festes argumentieren, Halloween sei ein Fest, an dem es nur um den Kommerz gehe. Und es habe heidnische Wurzeln. Wie schon bemerkt: Die meisten christlichen Feste haben ihren Ursprung in einer anderen Tradition, einer anderen Religion. Sie wurden aber christlich umgedeutet und aufgeladen, eben damit man alle Menschen erreichen kann. Genau das macht die ungeheure Verbreitung und Annahme des Christentums und gerade der katholischen Rituale aus: dass man sein Leben nicht ändern musste, sondern weiterhin seine Feste feiern konnte, vielleicht ein bisschen anders als vorher, aber grundsätzlich hatte dabei alles nebeneinander Platz. Warum auch nicht?

Zudem gibt es in der katholischen bzw. christlichen Tradition nach dem Erntedankfest, das kaum mehr gefeiert wird, bis zum Ende des Kirchenjahres eigentlich nur noch hohe Feiertage, die mit Totengedenken und Traurigkeit zu tun haben. Sicher ist es wichtig, dass genau das auch seinen Platz hat im Jahr – und der Winter scheint mit seiner Dunkelheit dazu deutlich geeigneter zu sein als der Sommer. Aber warum sollte es dazwischen nicht noch ein Fest geben, das den Winter feiert und der Endlichkeit des Lebens in einer anderen, dem Leben zugewandten Seite gedenkt? Außerdem ist es ein Fest für Kinder, die im Kirchenjahr mit seinen christologisch zentrierten Inhalten und manchmal nur sehr schwer zu erklärenden theologischen Hintergründen generell etwas kurz kommen – oder könnten Sie Ihrem Kind erklären, warum man Fronleichnam feiert?

Wieder einmal ist das Verkleiden an diesem Fest zentral, wieder einmal spielt die Nacht eine große Rolle und auch, dass der ursprüngliche Sinn war, (böse) Geister zu vertreiben – in dem Fall die der Verstorbenen, der man an diesem Tag gedenkt.

Und selbst wenn das inzwischen beinahe zum Allgemeinwissen gehört, finde ich es wichtig, noch einmal darauf hinzuweisen: Der Begriff »Halloween« lässt sich auf »All Hallows Eve« zurückführen, was nichts anderes heißt als »der Abend vor Allerheiligen«, übrigens lange eins der höchsten Feste im katholischen Kirchenjahr. Hier wurde also wieder eine Art Vigil als Vorabendfeier eines hohen kirchlichen Festes zu einem eigenständigen Fest. Die Traditionen und Bräuche, die wir dazu kennen, werden heute nicht mehr auf irgendwelche keltischen oder germanischen Ursprünge zurückgeführt. Stattdessen ist klar, dass sie von den irischen Auswanderern – in Irland wurde das Fest ausführlich gefeiert – im 19. Jahrhundert in die katholischen Gebiete der englischen Krone in Übersee tradiert, dort weiterentwickelt und dann am Ende des letzten Jahrhunderts wieder nach Europa reimportiert wurden.

Bemerkenswert finde ich, dass es sehr wohl auch bei uns Ähnliches rund um Allerheiligen gab und gibt. Ich selbst kenne aus meiner Kindheit die Tradition der »Trouliechter« (von »Truglichter«, also Irrlichter): eine Futterrübe wurde ausgehöhlt und ein Gesicht hineingeschnitzt, die Rüben standen dann vor den Hauseingängen. Bei Einbruch der Dunkelheit stellte man ein Teelicht hinein, das das Rübengesicht leuchten ließ. Als ich klein war, gingen an Martin viele Jugendliche im Umzug mit, die diese Rübengesichter auf einen Stock gesteckt hatten. Ähnliche Bräuche gibt es in Süddeutschland, der Schweiz und Österreich, sie haben nur einen jeweils anderen Namen. Verbunden damit waren in verschiedenen Gegenden ebenfalls sogenannte Heischegänge der Kinder, die von Haus zu Haus zogen mit den geschnitzten Rübengesichtern und um Süßigkeiten oder andere Leckereien baten.

Die »Trouliechter« sollten wieder einmal die bösen Geister fernhalten, vor allem die, die im Sommer in den leeren Ställen ein Zuhause gefunden hatten, und jene, die das Vieh am Ende des Sommers beim Abtrieb mit in die Ställe brachte. Daher begleiteten die Bauern und Hirten den Abtrieb des Viehs von den Sommerweiden häufig mit solchen Lichtern, die auf Holzstäbe gesteckt wurden. Kein Wunder also, dass man in den Regionen, in denen man solche Rübengesichter kannte oder Kürbisse angebaut wurden (wie zum Beispiel in Kärnten in Österreich) die Bräuche zu Halloween, die aus den USA zu uns herüberkamen, übernahm.

Und so laufen die Kinder heute an diesem Abend statt mit Rübengesichtern mit Gruselmasken durch die Gegend und drohen den Erwachsenen »Saures« an, wenn es nichts Süßes gibt, aber sie haben noch immer wie in alten Zeiten großen Spaß dabei und den Bauch voller Süßigkeiten und Limo, wenn sie am Ende spät, aber glücklich im Bett liegen. Die Erwachsenen gehen an diesem Tag zu Kostümfesten und sind einmal im Jahr nicht die schimmernde Prinzessin des Karnevals, sondern auch mal die Hexe und der Poltergeist, das Skelett und all die anderen gruseligen Gestalten, die als Symbol für unsere Ängste vor dem Tod und dem Sterben an diesem Abend unterwegs sind. Das Leben hat dunkle Seiten – aber wenn man sie ins Kerzen- und Kürbislicht holt, sie anschaut, ohne davor wegzulaufen, mit ihnen anstößt und sich vielleicht ein bisschen lustig macht über sie, dann lässt sich mit ihnen auch leichter leben. Und genau das ist für mich der Sinn von Halloween – neben der Tatsache, dass auch das eine Form sein kann, aller Toten und Heiligen und all unserer Lieben zu gedenken, die gestorben sind.

Sicher ist Halloween ein Fest mehr, an dem sich bei uns zunehmend das Konsumkarussell dreht, weil die Hersteller von Kostümen und Süßwaren und allerlei anderen »Ingredienzien« für diesen Abend eine Absatzmöglichkeit wittern. Aber es ist kein Fest, das uns von irgendwem »übergestülpt« würde, das »heidnische« Wurzeln hätte oder ein völliger Fremdkörper in unserem Jahresfestkreis wäre. Ganz im Gegenteil: Eigentlich ist es ein erzkatholisches Fest, nur die »Verkleidung« ist ein bisschen anders, als viele sich das so von erzkatholischen Festen wünschen oder vorstellen.

In meiner Kindheit war Allerheiligen noch ein sehr hoher Feiertag, an dem die Männer den ganzen Tag im schwarzen Anzug herumliefen und die Frauen im neuen Kostüm und Mantel, den sie sich eine Woche vorher beim sogenannten Mantelsonntag extra für diesen Anlass gekauft hatten. Alle waren schick gemacht, auch die Kinder, es war ein sehr stiller Tag, an dem außer Lesen und Spazierengehen eigentlich nichts drin war – und natürlich die Gräbersegnung am Nachmittag, einem der wichtigsten gesellschaftlichen Anlässe im Dorf, bei dem man auf keinen Fall fehlen durfte. Dabei wurde nämlich sehr genau auf Anwesenheit geachtet und die neue Garderobe geschaut und ob sie wohl angemessen ist zu diesem Tag – wie auch auf die Größe und die Angemessenheit des Gestecks, das zu diesem Anlass auf dem Familiengrab montiert wurde. Eine Woche vorher wurden die Grabsteine abgebürstet und mit Sand poliert, die Rabatten gesäubert und alles neu eingepflanzt sowie die Grablaterne auf Hochglanz gewienert. Und wehe, man beugte sich nicht diesem Brauch und ließ einfach alles so, wie es Ende des Sommers war. Man wurde dann tatsächlich zum Gegenstand von Gerede im Dorf.

Selbst wenn es heute an Allerheiligen nicht mehr so streng zugeht und der Tag längst nicht mehr die Bedeutung von damals hat, finde ich es wunderbar, dass am Vorabend dieser doch sehr ernsten und ernsthaften Veranstaltung ein so ausgelassenes Fest wie Halloween steht, das die Toten nicht weniger ehrt, nur auf eine andere, lebendigere Weise. So kann sich jeder die Art von Gedenken heraussuchen, die für ihn am besten passt und in der er sich seinen geliebten Verstorbenen am nächsten fühlt.

Ideen für Halloween

Halloween als Vorabend zu Allerheiligen ist nicht nur ein Gedenkfest für die Menschen aus der Familie oder dem Freundeskreis, die schon gestorben sind, sondern eben auch für »alle Heiligen«. Kennen Sie Ihren Namenspatron, Ihre Namenspatronin? Wissen Sie, für welches Erlebnis, welche Tat in seinem oder ihrem Leben er oder sie steht? Wissen Sie, wann Sie Namenstag haben? Falls nicht, machen Sie sich einmal auf die Suche nach »Ihrem« Heiligen. Das ist gerade mit Kindern spannend. Vielleicht haben die sogar Lust, sich an Halloween als ihr Namenspatron zu verkleiden – und was Gruselgeschichten angeht, haben die Heiligen da schon einiges zu bieten …

Wenn Sie eine Halloweenparty feiern, können Sie einen großen Bottich mit Wasser füllen und Schwimmkerzen dazustellen. Sie können auch Schiffchen oder Mandarinenlaternen oder etwas anderes basteln, das schwimmt, in das Sie dann Teelichter setzen. Bitten Sie alle Gäste, dass sie für die Verstorbenen, die ihnen fehlen, eine Kerze anzünden und im Bottich schwimmen lassen. So sind die, die schmerzlich vermisst werden, an diesem Abend zumindest im Licht bei denen, die ausgelassen das Leben feiern.

Mandarinenlaternen

Eine Mandarine der Breite nach aufschneiden, mit einem Tee-löffel die Fruchtstücke herauslösen und gleich aufessen. Ein Teelicht in die leeren Schalenhälften stellen und die Mandari-nenlaternen zu Wasser lassen. Duftet wunderbar!

Du bist die Zukunft

Du bist die Zukunft, großes Morgenrot
über den Ebenen der Ewigkeit.
Du bist der Hahnschrei nach der Nacht der Zeit,
der Tau, die Morgenmette und die Maid,
der fremde Mann, die Mutter und der Tod.

Du bist die sich verwandelnde Gestalt,
die immer einsam aus dem Schicksal ragt,
die unbejubelt bleibt und unbeklagt
und unbeschrieben wie ein wilder Wald.

Du bist der Dinge tiefer Inbegriff,
der seines Wesens letztes Wort verschweigt
und sich den andern immer anders zeigt:
dem Schiff als Küste und dem Land als Schiff.

Rainer Maria Rilke

Bibliografische Information der Deutschen Nationalbibliothek
Die Deutsche Nationalbibliothek verzeichnet diese Publikation in
der Deutschen Nationalbibliografie. Detaillierte bibliografische
Daten sind im Internet über http://dnb.d-nb.de abrufbar.

1. Auflage 2022
© Vier-Türme GmbH, Verlag, Münsterschwarzach 2022
Alle Rechte vorbehalten

Lektorat: Marlene Fritsch
Cover- und Innengestaltung: wunderlichundweigand
Druck und Bindung: Pustet, Regensburg
ISBN 978-3-7365-0462-2
www.vier-tuerme-verlag.de